Laguna – Venedigs Inselwelten

# LAGUNA

## Venedigs Inselwelten

Fotos von János Kalmár

Texte von Alfred Komarek

Haymon

Umschlag: Benno Peter, Foto: János Kalmár
Übersichtskarte (Seite 156/157): Benno Peter

Die Deutsche Bibliothek - CIP-Einheitsaufnahme

Laguna : Venedigs Inselwelten / János Kalmár ; Alfred Komarek. -
Innsbruck : Haymon, 2002

ISBN 3-85218-387-1



Scans: Laserpoint, Innsbruck
Druck: Athesia-Tyrolia, Innsbruck
Bindearbeit: Frauenberger, Neudörfl a. d. Leitha

# Inhalt

*Das Meer läßt sich mit dem Land ein, das Land verliert sich ans Meer, und irgendwann verläuft sich alles im Sande: Eine seichte Beziehung, nichts Dauerhaftes jedenfalls. Es sei denn, es geht um eine ganz besondere Lagune, um jene, die Venedig umfängt, mit Brackwasser, Schlammbänken, Sumpfwiesen und Inseln. Die Stadt braucht diese unbestimmte Welt als stumme Zeugin ihrer Ausgesetztheit, als blinden Spiegel ihrer Pracht.*

*Die historische Bedeutung der Lagune nahm auf Inseln ihren Anfang, die heute fast unbewohnt, verlassen oder gar versunken sind. Siedlungen nahe am Festland wurden entvölkert, als auf den Rialtoinseln Venedig erstarkte. Dann wuchs die Stadt über sich hinaus und belebte die Lagune neu, mit Handwerkern, Bauern, Fischern und Soldaten, mit Nonnen und Mönchen. Heute hat Venedig viel zu viel Platz für viel zu wenige Einwohner. Und auf den Inseln draußen verebbt das Leben.*

*Es gibt kein nutzbares Stück Land in der Lagune, das nicht seine unverwechselbare Geschichte hätte. Dort, wo das letzte oder vorletzte Kapitel noch nicht geschrieben ist, wird diese Identität auch entschlossen verteidigt. Jede Insel pflegt ihr besonderes Erscheinungsbild, ihre eigene Dialektvariante des Veneziano, spezielle Rituale bei Festen und Regatten. Die kleinen Welten bleiben in sich gerundet, Vermengungen sind unerwünscht.*

*Die Lagune verändert sich fortwährend. Sie atmet im Rhythmus der Gezeiten, das komplizierte Zusammenwirken der Strömungen trägt Inseln ab, schwemmt Inseln an. Das Bemühen von Menschen, dieser Welt mit Mauern verläßliche Konturen zu geben, brachte nur eine weitere Dimension der Unbeständigkeit ins Spiel: Munitionsdepots werden zu Beinhäusern, Irrenanstalten zu Universitäten, vergessene Ruinen zu begehrten Spekulationsobjekten.*

*Die Venezianer wissen zwar wenig von den Leuten, die auf den Inseln wohnen, aber sie wissen, was sie von ihnen zu halten haben, von den Dieben und Halsabschneidern auf der Giudecca, den Einfaltspinseln auf Pellestrina, den schlichten Gemütern am Lido, den Industrieknechten von Murano und den kulturlosen Streithähnen von Burano. Die Insulaner ihrerseits strafen Venedig mit Mißachtung, und manch einer ist stolz darauf, noch nie „in città" (in der Stadt) gewesen zu sein.*

*So gegensätzlich Venedig und seine Inselwelten auch sein mögen, so sehr waren sie durch Jahrhunderte aufeinander angewiesen. Die Lagune schützte Venedig, sie versorgte und entsorgte die Stadt als Teil des urbanen Systems. Noch heute schicken Sant'Erasmo und Le Vignole frisches Gemüse in die Stadt, liefern die wenigen Lagunenfischer ihren Fang, und noch heute bringt Venedig seine Toten in die Lagune, zur Friedhofsinsel San Michele.*

*Die Lagune von Venedig ist Italiens größtes Feuchtbiotop mit einer immer noch erstaunlichen ökologischen Vielfalt. Die Lagune ist aber auch eine riesige Kläranlage. Die Serenissima verzichtet leichthin auf eine Kanalisation, die Industrie am Festland leitet Abwässer in die Lagune. Mikroorganismen im Schlamm fressen sich tapfer durch das Überangebot an Nährstoffen. Doch das System ist dem Zusammenbruch nahe. Unter den vielen Schreckensvisionen von Venedigs Zukunft ist jene, am eigenen Unrat zu ersticken, die anrüchigste. Über all dem gibt der Wasserspiegel der Lagune scheinbar unberührt dem Himmel Antwort.*

## Wasser und Land

Die alten Brunnen von Venedig öffnen sich dem Himmel und verschließen sich der Lagune. Bei Regen füllten sie sich mit Trinkwasser und bei Sonnenschein hielten sie es kühl. Dennoch herrschte über Jahrhunderte hinweg Wassermangel in der Stadt im Wasser.
Das hat sich geändert, seit das kühle Naß vom Festland her eingeleitet wird. Die Brunnen sind nur noch schöner Dekor, und auch die Bedeutung der Lagune hat sich gewandelt. Venedig ist nicht mehr zur Gänze von Wasser umschlossen. Aus dem Stadtstaat, zum offenen Meer hin orientiert, ist eine Stadt geworden, die am Festland hängt.
Den Anfang machte die 1846 von Österreichern gebaute Eisenbahnbrücke. 222 Bögen tragen 3 Kilometer Schienenweg, und 48 Sprengkammern warten darauf, im Notfall Venedigs insuläre Abgeschiedenheit wieder herzustellen. Doch dazu müßte auch jene Straßenbrücke fallen, die 1931 sehr zum Mißvergnügen von Venedigs Traditionalisten gebaut wurde. Dennoch bleibt die Fortbewegung auf Rädern in der Lagunenstadt eine Randerscheinung, auch im konkreten Sinne des Wortes.
Die zwei von Ingenieuren gezogenen Linien ändern wenig am einzigartigen Wesen dieser Stadt des Wassers, an ihrer gewollten Ausgesetztheit. Venedigs Landschaft ist die Lagune. Das Festland, auch wenn es greifbar nahe ist, gehört nicht dazu, und die Alpen stehen als seltsame Kulissen am Horizont, obwohl sie doch dereinst zur Entstehung der Lagune beitrugen.
Die Flüsse Brenta, Sile, Piave und noch einige mehr schwemmen bis heute Sand, Schlamm und organisches Material aus den Bergen ins Meer. Dort, wo im nördlichen Golf der Adria die Energie der Flüsse auf eine kreisende Meeresströmung traf, sanken feste Stoffe zu Boden und bildeten Sandbänke. Im wirbelnd bewegten Wasser wurde an diesen Barrieren noch mehr Sand angehäuft, lange, flache Inseln entstanden. Bald verfestigten Wurzeln von Gras, Büschen und Bäumen den Boden. Diese Kette von Landflächen schob sich trennend und vermittelnd zwischen Fluß und Meer, zwischen Süßwasser und Salzwasser. Zum Festland hin entstanden flache Tümpel, durchströmt im Rhythmus der Gezeiten und fortwährend verändert durch ihre Zuflüsse. Weitere Treibsandinseln wurden angehäuft, und mit der zunehmenden Verlandung kamen auch höher gelegene Stellen des festen Untergrundes an die Oberfläche.
Damit war die heutige Lagune von Venedig entstanden, und gleichzeitig waren die Voraussetzungen für ihr mögliches Verschwinden gegeben. Das Meer konnte jederzeit die fragile Barriere im Sturm nehmen und sich die verlorene Wasserfläche zurückholen. Andererseits arbeiteten die Flüsse stetig daran, noch mehr Material herbeizuschaffen und die Wasserfläche allmählich in eine Sumpflandschaft zu verwandeln. In der Erdgeschichte kommt solchen Lagunen meist nicht mehr als der Rang von Episoden zu – es sei denn, der Mensch mischt sich ein.
Schon im 15. Jahrhundert wurde in der Lagune von Venedig damit begonnen, die Zuflüsse einzudämmen

*Land und Wasser im Dialog. Die Lagune zwischen Torcello und Burano.*

*Lebensabend einer Insel.*

*Campana in der südlichen Lagune. Inseln mit unbefestigten Ufern sind der Zerstörungskraft der Strömungen ausgesetzt und vom Verschwinden bedroht.*

und abzuleiten. Es gab damals gute Gründe für diese aufwendigen Wasserbauten: Siedlungen, die auf Inseln entstanden waren, sahen sich nunmehr von Schlamm und Sümpfen umgeben, die Malaria breitete sich aus. Als dann kein neuer Treibsand mehr eingeschwemmt wurde, fast nur noch Salzwasser zuströmte und die Kraft der Gezeiten Schlamm ins offene Meer trug, besserte sich die Situation.

Andererseits stellte das Meer auch eine ernsthafte Gefährdung dar. Wenn Flut, Luftdruck und Wind von der Adria her eine unheilvolle Wechselwirkung aufbauen, kommt es zu Überschwemmungen der Lagune. Die Insel Malamocco, dereinst wohl in der Nähe des Lido gelegen, soll im 12. Jahrhundert unter aufgewühlten Wellen für immer verschwunden sein. So gründlich war das Zerstörungswerk, daß die Ruinen

*Die Lagune, Burano und die Alpen. Von dort brachten Flüsse das Baumaterial der Lagune. Den schiefen Campanile der Kirche San Martino bewahrt übrigens eine Eisenkonstruktion im Inneren vor dem Umfallen.*

des frühesten Dogenpalastes von Venedig bis heute unentdeckt geblieben sind.

Über die schützende Bedeutung der dem Meer zugewandten äußersten Inseln der Lagune, heute werden sie *lidi* genannt, war man sich seit jeher bewußt. In einem Dekret aus dem 16. Jahrhundert ist von *sanctos muros patriae* die Rede, von heiligen Bollwerken des Vaterlandes. Damals waren diese Wälle allerdings nicht mehr als erschreckend schmale Sandstreifen, mit Palisaden dürftig befestigt, noch dazu ihrer schützenden Pinien beraubt.

Erst Mitte des 18. Jahrhunderts, in ihrer Endzeit, brachte es die Republik Venedig mit einer letzten eindrucksvollen Kraftanstrengung zuwege, dem Ansturm des Meeres ein wirkungsvolles Hindernis entgegenzusetzen: die *murazzi*. Die Inseln San Pietro in Volta,

*Der letzte Hafen. Entsorgtes Schiff auf Sant'Erasmo.*

Pellestrina und Caroman wurden verbunden, Granitblöcke aus Istrien zu einer fast 12 m starken, an die 7 m hohen Mauer gefügt. Etwa 6 km zieht sich das wehrhafte Bauwerk hin, an großen, vorgelagerten Gesteinsbrocken brechen sich die Wellen der Adria.

Dennoch mußten die *murazzi* in den letzten Jahrzehnten verstärkt und durch Zubauten verbessert werden. Weltweit steigt nämlich der Meereswasserspiegel, und in der Lagune sinkt der Boden ab. Das liegt einerseits an der Verdichtung von Ablagerungen, andererseits aber vor allem an der Grundwasserentnahme durch die Industrie am Festland. Erst in den 70er Jahren gelang es, diese gefährliche Praxis einzuschränken – zu spät: 1966 stand die ganze Stadt über einen Meter tief unter Wasser. Schockiert mußte die Welt zur Kenntnis nehmen, daß der Untergang Venedigs durchaus wahrscheinlich ist und das noch dazu in nächster Zukunft.

Der radikale und höchst umstrittene Plan, die Lagune mit riesigen beweglichen Toren an den Einfahrtsöffnungen (Porti) von Lido, Malamocco und Chioggia zu schützen, ist noch immer aktuell, aber er ruht vorerst, wie viele andere Projekte in der Lagune auch. Doch andere, weniger spektakuläre Lösungsansätze greifen. Mit vielen kleineren Vorhaben wird versucht, in der Lagune das alte, bewährte Gleichgewicht wiederherzustellen.

Längst haben die Experten akzeptiert, was die alten Fischer schon immer wußten: Gewalttätige Willkür verträgt sich schlecht mit einem gewachsenen System im labilen Gleichgewicht. Die Lagune braucht für den funktionierenden Wasseraustausch das komplizierte System von Strömungen, braucht ihre nur vordergründig nutzlosen Sandbänke und Schlamminseln, die Tonnen von Wasser speichern. Darum werden versandete Vertiefungen ausgebaggert, verschwundene Inseln mit dem gewonnenen Material aufgeschüttet und andere Inseln durch Uferbefestigungen vor dem Verschwinden bewahrt.

Die Geographie der Wasserwege, der Kanäle in der Lagune ist wieder vielschichtiger geworden. An der Wasseroberfläche wird sie durch *bricole* sichtbar, drei in den Schlamm getriebene Holzpfähle. Die Luxusausführung nennt sich *palina:* der leicht erhöhte zusätzliche Pfahl in der Mitte zeigt die Einfahrt in einen schiffbaren Kanal an. Kleinere Wasserwege werden von einzelnen Pfählen – *mede* – markiert oder auch gar nicht. Nur die Fischer wissen noch Bescheid.

Die traditionellen Wege durch die Lagune folgen dem Verlauf von ehemaligen Flüssen oder Bächen. Das gilt auch für die meisten Kanäle Venedigs und auf den Inseln. Die verwirrende Struktur von Siedlungen in der Lagune hat ihren Grund eben darin, daß sich Wasserläufe nicht der Diktatur des rechten Winkels fügen. Es gibt aber auch Kanäle, die einfach geradewegs ausgebaggert werden und wurden. Der Tessera-Kanal zwischen Murano und dem Flughafen ist so einer, er verläuft quer zur Strömung und versandet immer wieder. Bei Niedrigwasser hört man deutlich, wie die Schiffsschraube im Schlamm wühlt – sehr zum Mißfallen des *capitano.*

Für die Fischer sind auch noch die *valli*, vielfach verzweigte ausgedehnte Wassertäler, von Bedeutung. In der *valle di pesca* zwischen Torcello und dem Festland zum Beispiel werden Fische gezogen, die im Brackwasser besonders schmackhaft geraten: *branzino*, *dorata* und *volpina.*

In dieser sachte bewegten, sich ständig verändernden Welt ist auch das feste Land nicht wirklich fest. Flache Sandbänke und Sumpfinseln, die *barene*, sind auch bei Flut zu sehen, ihre Ränder, *velme* genannt, kommen nur bei Ebbe ans Licht – und dann sind da noch wirkliche Inseln, die allerdings auch nicht davor gefeit sind, eines Tages von der Landkarte zu verschwinden. Campagna, Fisolo und Ex Poveglia in der südlichen Lagune könnte zum Beispiel schon bald dieses Schicksal drohen.

Aber es gibt auch Inseln, die nach einer langen Zeit der Vergessenheit wieder ins Licht der Gegenwart tauchen. Ein Beispiel ist die Insel San Marco in Boccalamo, in der Nähe des Kanals von Malamocco. 2001 wurde sie unter dem Wasser wiederentdeckt und für kurze Zeit durch eine Trennwand aus Eisen von der Lagune abgeschottet. Die Suche nach dem alten Augustinerstift, das der Überlieferung nach im 14. Jahrhundert auf der Insel stand, blieb ergebnislos. Aber man fand zwei Schiffe aus dieser Zeit, die damals wohl versenkt worden waren, um den Uferbereich für eine Anlegestelle zu erweitern. Diese Galeeren sind an die 40 m lang und 5 m breit. Mit solchen Schiffen wurde Getreide hauptsächlich auf Flüssen befördert. Gut geschützt warten heute die beiden Fundstücke unter dem Wasserspiegel auf ihre Restaurierung. An die 260.000 Euro wurden bereits investiert, der zehnfache Betrag sollte noch aufgebracht werden.

Wer sich ungeachtet versinkender oder auftauchender Inseln die Orientierung einfach machen will, teilt die Lagune in einen nördlichen und einen südlichen Bereich, Venedig in der Mitte. Schon komplizierter ist die soziale Aufteilung in eine herrschaftliche und eine arme Lagune: Hier die bekannten Inseln, die Refugien von Industriellen oder auch Mönchen, die Sommerfrischen der Venezianer, dort sumpfiges, von Mücken verseuchtes Niemandsland. Man kann diese unwirtlichen Gegenden übrigens auch aus sicherer Entfernung vom Festland her ins Auge fassen. Eine der wichtigsten Straßen der Region, die *Strada Romea*, berührt den Rand der Lagune.

Noch besser ist es vielleicht, für eine erste Erkundungsfahrt nur Gedanken und Träume auf die Reise zu schicken, mit ein paar schönen Zeilen im Gepäck, etwa jene, die Hermann Hesse 1901 in sein „Venezianisches Notizbüchlein" schrieb:

*Ich fand heute die fernen Schlammbänke von einem sehr tiefen Rotbraun, die westlichen Wasser stahlblau mit rötlichem Anhauch, den Kanal gegen Fusina perlartig matt schillernd. Auf diesem wunderbarsten Stück Wasser kann man fabelhaftere und reichere Tönungen, Übergänge und Auflösungen irisierender Farbflächen studieren als in einer Glasbläserei.*

*An solchen Ufern zerschellen Boote nicht, sie sinken in den Sand. Die Beziehung zwischen Wasser und Land ist in der Lagune intensiv, doch ohne vordergründige Dramatik.*

*Die für die Lagune typischen „Barene", von Wasserarmen durchzogene Sumpfinseln und Sandbänke, hier vor Lazzaretto Nuovo. Im Hintergrund Murano.*

*Weit ins Meer ragende Wellenbrecher verstärken an der Südküste Pellestrinas die Schutzwirkung der Murazzi.*

*Die Dünen an der Meerseite von Caroman wären ohne Schutzbauten vom Verschwinden bedroht.*

*Ein Damm zwischen Meer und Lagune verbindet Caroman und Pellestrina. Im Hintergrund die Kirche Santa Maria di San Vito.*

*An der Südspitze von Caroman vorbei führt der Weg aus der Adria in die südliche Lagune: der Porto di Chioggia.*

*Markierte Wasserwege durch die Lagune: ein Vaporetto bei Sant´Erasmo.*

*Links: Ein Foto aus der Zeit, als die „Vaporetti" noch wirkliche Vaporetti, nämlich Dampfschiffe waren …*

*Bei schlechter Sicht erleichtern an den wichtigen Kanälen Lampen die Orientierung.*

*Fischer im Federkleid: Für Kormorane bietet die Lagune noch immer reichlich Nahrung.*

*Immer noch schwimmfähig verrottet ein Schiff vor dem Hafen von Pellestrina. Möwen haben es bemannt.*

*Die Adria zwischen Caroman und Pellestrina.*

*Fischerei in der nördlichen Lagune. Im Hintergrund Treporti auf dem Festland.*

*Auf Sant´Erasmo ist dieses Boot vorübergehend oder auch für immer im Weingarten gestrandet.*

*Abseits der großen Kanäle finden nur erfahrene Fischer die Wasserwege.*

*In ihren abgeschiedenen Bereichen scheint die Wasserwelt der Lagune grenzenlos zu sein, und das nahe Venedig ist unendlich weit entfernt.*

# Es war einmal

Venedig zeigt als Antwort auf jede nur einigermaßen sensible und kundige Annäherung Geschichte wie eine Zauberkugel her, vielsagend und geheimnisvoll. Die Lagune streut ihre Vergangenheit hingegen leicht und beiläufig über die Wasserfläche, überflutet sie, verankert sie lose an Inseln, bindet sie an wenigen hochragenden Markierungen fest, oder versteckt sie mitten in Venedig. Im Rialtoviertel, zum Beispiel, sind viele der kleinen Häuser aus Steinen gebaut, die von Mazzorbo kommen, einer kleinen Insel am Nordrand der Lagune, heute durch eine Holzbrücke mit dem bekannteren Burano verbunden.

Als Siedlung hat Mazzorbo, dem Gott Benelus geweiht, sogar römische Wurzeln. Archäologen haben in diesem Bereich ein altes Flußbett entdeckt, das bis ins Hochmittelalter bei Sant'Erasmo ins Meer mündete. Mazzorbo war also ein guter Platz für schwungvollen Handel und ergiebige Zolleinnahmen. Paläste und Kirchen wurden gebaut, vornehme Klöster kamen dazu. Doch schon im 11. Jahrhundert trübte sich der Glanz. Mit den wachsenden Sümpfen wurde die Malaria zur tödlichen Gefahr, und überdies zogen die neureichen Siedler auf den Inseln von Rivo Alto (Rialto) die Geschäfte an sich.

Die Bewohner Mazzorbos, seit jeher dazu bereit, sich neuen Gegebenheiten ohne hinderliche Sentimentalität zu fügen, zogen also nach Venedig, und weil Steine in der Lagune Mangelware sind, nahmen sie ihre Häuser und Kirchen als Baumaterial mit. Heute erinnert nur noch ein einziges herrschaftliches Gebäude an Mazzorbos große Vergangenheit: die *Ca' d'oro*, ein „Goldenes Haus", wie es auch eines in Venedig gibt.

Noch ein kleines Stück weiter landwärts erzählt Torcello eine ähnliche Geschichte, doch in anderen Dimensionen. Mazzorbo war wohlhabend und sank ohne viel großes Theater in die Bedeutungslosigkeit, als die Zeiten schlechter wurden. Torcello war als Mittelpunkt von fünf Stadtgemeinden durch Jahrhunderte die mächtigste Siedlung in der Lagune, glänzend reich, als die Fischerdörfer am Rivo Alto noch von einer besseren Zukunft träumten. Lange Zeit war Torcello dem aufstrebenden Venedig ebenbürtig. Von 50.000 Einwohnern wird berichtet, von einer Vielzahl kostbarer Sakralbauten, von prunkvollen Palästen, deren Adelsgeschlechter den venezianischen gleichgestellt waren.

Der Leichnam des Heiligen Markus wurde von einem Kaufmann aus Malamocco und einem zweiten aus Torcello in die Lagune gebracht. Markus war im Leben weder Byzantiner noch Römer gewesen und stellte so ein wichtiges Symbol für die unabhängige Position Venedigs zwischen dem Westreich und dem Ostreich dar.

Die Bedeutung Torcellos ist so bestürzend vollständig verschwunden, daß man ihre Wirklichkeit für einen Traum halten möchte. Nicht einmal hundert Menschen leben heute auf der Insel. Die Steine der Stadt, ganze Treppen und schön behauene Fassadenteile fügten sich ins neue Bild Venedigs. Zurück blieb grünes Land, von kleinen Wasserflächen durchsetzt, von Sümpfen

*Monumentale Reste verschwundener Pracht: die Kathedrale Santa Maria Assunta und die Kirche Santa Fosca auf Torcello. Palisaden als Uferbefestigung bewahren die klein gewordene Insel vor weiterem Substanzverlust.*

umgeben. Tamarisken, Ulmen und Brustbeerbäume bewachen die Einsamkeit, Gemüse wird angebaut, ein paar Obstbäume stehen verloren da, und in einem kleinen Weingarten träumt eine skurrile Sammlung verwitterter Steinskulpturen. Wenig weiter steht Ciprianis Locanda. Unauffälliger, stilvoller Luxus, dort wo ihm nichts und niemand die Wirkung stiehlt.

Doch dann, mitten im Niemandsland, ragt das alte Torcello machtvoll und kontemplativ in die Gegenwart. Die Kathedrale Santa Maria Assunta und die Kirche Santa Fosca haben mit der bukolischen Welt ringsum nichts zu tun. In ihnen verdichtet sich die Vorgeschichte Venedigs. Im Jahre 630 war Torcello Bischofssitz geworden, ein Jahr später wurde die erste Kirche

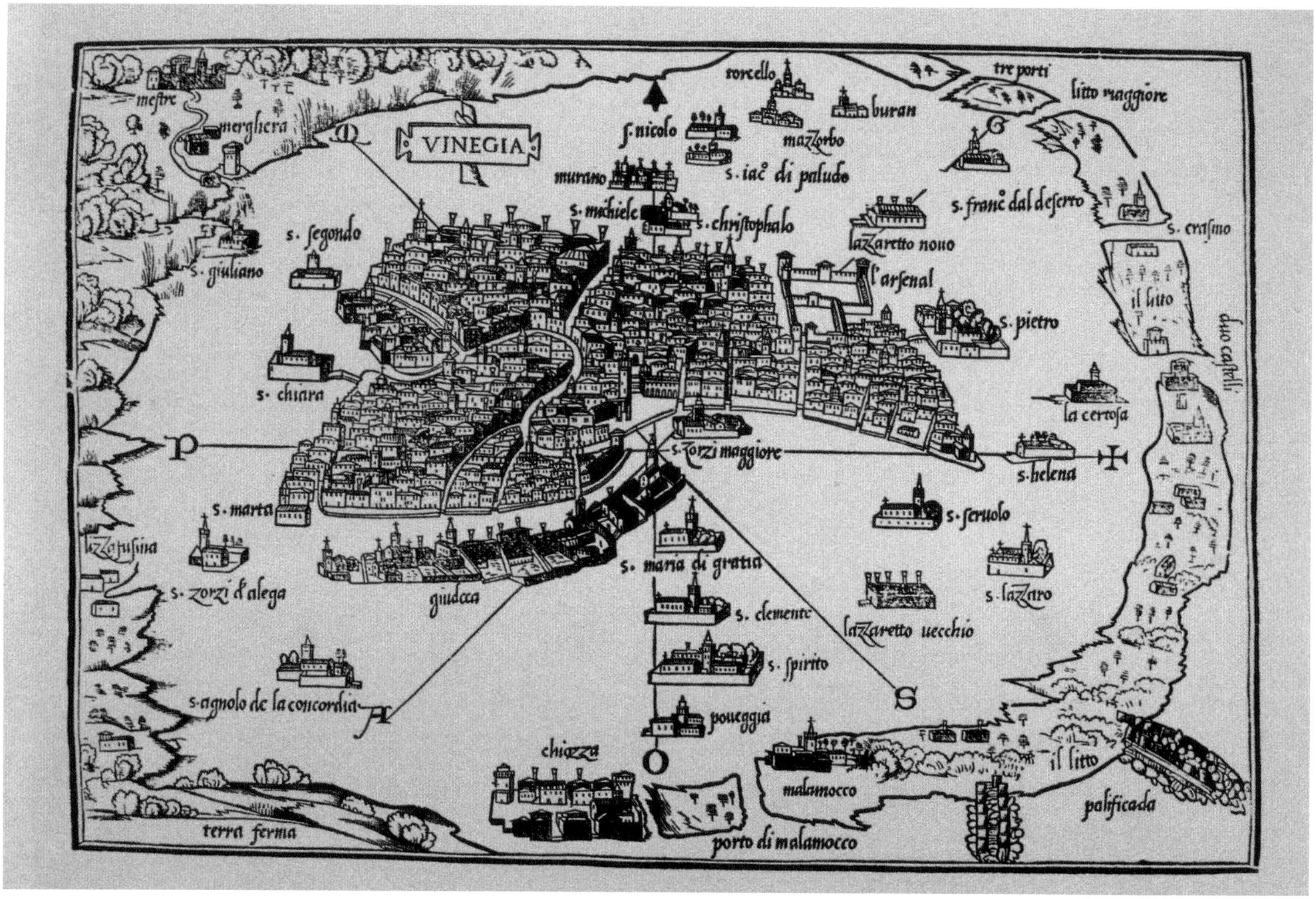

*Oben: Der älteste bekannte „Plan" der Lagune, ein 1529 entstandener Stich von Benedetto Bordone. Nur die damals wichtigen Inseln sind aufgenommen. Aus der Beschriftung erfährt man alte venezianische Namensformen, etwa Zorzi statt Georg. Einige Inseln fehlen, inzwischen zusammengewachsene oder zum Stadtgebiet von Venedig gehörende (wie Sant'Elena oder San Pietro) stehen noch selbständig mitten in der Lagune. Geographisch besonders ungenau sind der Lido und seine Fortsetzung in den Süden (Pellestrina) dargestellt.*

*Links: Von den prachtvollen Bauwerken auf Certosa (heute mit Le Vignole verbunden) ist nichts geblieben. Lagunenschicksal.*

*Reiches Leben zwischen Kirchen und Palästen zeigt diese Ansicht von Mazzorbo aus dem 18. Jahrhundert. Von all dem blieben nur ein Campanile und ein Palazzo übrig.*

unter dem byzantinischen Kaiser Heraclaeus gegründet. Der heute bestehende, im 9. Jahrhundert begonnene Sakralbau ist der älteste in der Lagune. Im Spannungsfeld zwischen römischem und byzantinischem Christentum verbindet das Gotteshaus mit seinem gewölbten Presbyterium und dem hochragenden Mittelschiff die Welten des Orients und des Okzidents. Die berühmten Mosaiken in der Apsis und an der Westwand führen ihren stummen Dialog über Scharen von Schaulustigen hinweg. *Maria Teodoga*, die Gottesgebärerin, ist einer dramatischen und drastischen Darstellung des Jüngsten Gerichtes zugewandt, doch sie blickt mit einem schwer zu deutenden Ausdruck gefaßter Trauer nach innen.

Nicht zu vergessen Santa Fosca, ein klarer, ernster Rundbau. Der Grundriß entspricht dem griechischen Kreuz.

Hat man zu guter Letzt den mächtigen Campanile der Basilika bestiegen, schwinden die wuchtigen Bilder aus alter Zeit unter den Füßen. Der Blick geht über die menschenleere Insel zur Lagune, nach Venedig hin, aber auch, über ein Gewirr von Sumpfflächen und verlassenen Inselchen hinweg, zum Festland. Von dort her, aus dem von Römern gegründeten Altinum, dem späteren Altino, kamen die Besiedler Torcellos.

Das soll nicht heißen, daß die Inseln in der Lagune zuvor völlig unbewohnt waren. Zum Meer hin, in Chioggia am Südende der Lagune, bestand eine römische Kolonie, auch auf Torcello dürften Römer gesiedelt haben. Daß Fischer die Inseln in der Lagune auch vor deren Erschließung kannten und fallweise bewohnten, ist anzunehmen.

Die nachhaltige Besiedlung der Lagune war dann kein theatralischer Akt der Landnahme. Als die Zeiten auf dem Festland unsicher wurden, versuchten es die Menschen wohl oder übel mit dem Leben auf den Inseln. Beiläufig, wie Möwen auf Pfählen, ließen sie sich nieder, bauten behelfsmäßig aus Holz und Schilf und waren durchaus gewillt, auf das Festland zurückzukehren. Die Raubzüge der Hunnen und Goten reichten für die Aufgabe blühender Städte noch nicht aus, obwohl Attila Altinum zerstört hatte. Diese rabiaten Volksstämme kamen und gingen.

Dann allerdings traten die Langobarden auf den Plan,

und sie hatten die höchst beunruhigende Absicht zu bleiben. Der folgende Kleinkrieg zwischen der Welt barbarischer Eindringlinge und dem römischen, nunmehr byzantinischen Kulturkreis zermürbte. Die Siedler auf den Laguneninseln machten sich allmählich doch mit dem Gedanken vertraut, sich in ihrer neuen Heimat dauerhaft niederzulassen. Sie mußten lernen, auf sumpfigem, sandigem Untergrund zu bauen, in der Lagune mit ihren Untiefen und Schlammbänken zu navigieren und unter ungewohnten Bedingungen für ihren Lebensunterhalt zu sorgen.

Diese Ausgesetztheit in einer unwirtlichen, trügerischen Welt trug wohl auch dazu bei, das Wesen der Lagunenbewohner nach und nach zu verändern. Sie begriffen, wie wichtig es war, sich neuen Herausforderungen entschlossen und flexibel zu stellen, und wie sinnlos es war, sich an Unhaltbares zu klammern. Die Überzeugung, daß es in diesem eng begrenzten Lebensraum auch nicht ratsam war, interne Konflikte gewaltsam auszufechten, setzte sich allerdings erst nach blutigen Erfahrungen durch.

Ein Schauplatz ganz besonderer Art ist der *Canale Orfano*, der „Waisenkanal" zwischen Venedig und dem Lido. Blutrot soll sich sein Wasser bei einem der frühen Machtkämpfe gefärbt haben. Seitdem, will es die Fama wissen, herrschte Unfrieden zwischen den Parteien der Nicolotti und der Castellani. Erst Jahrhunderte später, unter dem Schock österreichischer Fremdherrschaft, soll es zur heimlichen Versöhnung gekommen sein.

Doch schon 810 hatten die Venezianer Besseres zu tun, als einander aufs Haupt zu schlagen. Pippin, einer der Söhne Karls des Großen, blickte begehrlich auf das neue Inselreich der Venezianer. Die Chronisten berichten, je nach Standpunkt, daß Pippin verheerend geschlagen worden sei oder daß er seinen Herrschaftsbereich ja doch ausdehnen konnte – keinesfalls jedoch auf die Lagune.

In der Legende liest sich die Geschichte um einiges farbiger: Als die feindlichen Schiffe vom Meer aus angriffen und auch schon die äußeren Inseln erobert hatten, verließen die Verteidiger Malamocco und zogen sich in die Mitte der Lagune zurück. Nur eine alte Frau war geblieben und mußte den Verfolgern Auskunft geben. *Sempre diritto!* sagte sie und schickte den Feind auf kürzestem Weg in die Schlammbänke am Rand des *Canale Orfano*, wo sie von den Lagunenbewohnern auf das nachdrücklichste massakriert werden konnten. Seit damals ist generell Vorsicht angeraten, wenn Venezianer einem Rat suchenden Fremden empfehlen, doch einfach geradeaus zu gehen. Der *Canale Orfano* blieb indes seiner blutigen Tradition treu: Im Mittelalter wurden hier Ertränkungsurteile vollstreckt.

Nur noch einmal, an die sechs Jahrhunderte nach Pippins Überfall, kam es zu größeren Kampfhandlungen in der Lagune. Den Genuesen war Venedigs Macht und Reichtum ein Dorn im Auge. Den Angreifern gelang es, auf Chioggia Fuß zu fassen, Schiffe drangen bis nach Poveglia vor. Überdies griffen Soldaten vom Festland her an. Einmal mehr wurde die Lagune zur wichtigsten Verbündeten der Verteidiger. Militärisch geschwächt, weil die halbe Kriegsflotte in der Fremde unterwegs war, im Inneren von Intrigen und Machtspielen gelähmt, besannen sich die Venezianer in letzter Not ihrer alten Stärken und verwandelten die Lagune in eine einzige Falle. Ketten und versenkte Schiffe, mit Steinen beschwert, versperrten die Einfahrten und wichtigen Kanäle. Die *bricole* und andere Markierungspfähle wurden entfernt, sodaß nur noch Eingeweihte die Wasserwege der Lagune nutzen konnten. Die Genuesen wurden nach Chioggia zurück-

*Die Giudecca hat ihren Namen vielleicht von Juden, denen diese Insel im 14. Jahrhundert zugewiesen wurde. Später wurde sie zum ländlichen Zufluchtsort reicher Venezianer. Heute zählt die Giudecca mit ihren berühmten Kirchen, Fabriksruinen und modernen Wohnblocks zu den „Vorstädten" Venedigs.*

gedrängt, die Lagune war ihnen verwehrt. Und dann gelang es auch noch venezianischen Schiffen, den Feinden den Weg aufs offene Meer abzuschneiden. Letztlich kehrte sogar der Rest der venezianischen Flotte zurück und lehrte die belagerten Belagerer endgültig das Fürchten.

Auch in den folgenden Jahrhunderten bewährte sich die Lagune als wässrige Bastion einer Stadt ohne Stadtmauern. Allerdings wurde sie auch immer wehrhafter ausgestattet, ein komplexes Verteidigungssystem entstand: Wehranlagen zum Schutz von Hafeneinfahrten und Küsten, Festungsinseln in der Lagune, Pulvermagazine, Kasernen, Geschütze und Verschanzungen selbst auf entlegenen Inselchen, vorgelagerte Forts auf dem Festland. Die Venezianer hatten gute Gründe, sich in der Lagune sicher zu fühlen, sie galt

als unüberwindbar. Als das Unvorstellbare dann doch geschah, bedeutete es auch das Ende der Venezianischen Republik.
Am 20. April 1797 fuhr am frühen Morgen die französische Fregatte „Libérateur d'Italie" ohne Genehmigung durch den Porto di Lido – für Venedig eine geradezu ungeheuerliche Anmaßung, die seit Jahrhunderten kein Kapitän gewagt hatte. Die einzig denkbare Antwort darauf waren Schüsse aus dem heute noch bestehenden *Forte Sant'Andrea* und die Aufbringung des Schiffes. Napoleon hatte damit einen konkreten Anlaß, sich einen langgehegten Wunsch zu erfüllen, nämlich Venedig den Krieg zu erklären.
Die Serenissima, schon seit Jahrzehnten bemüht, mit unbewaffneter Neutralität möglichst wenige Angriffsflächen zu bieten, versuchte zu verhandeln. Napoleon lehnte jedes Gespräch ab und verkündete, daß er „der Republik ein Attila" sein werde. Der amtierende Doge, Lodovico Manin, sah angesichts einer handlungsunfähigen Regierung und fehlender Verteidigungskräfte nur noch die Möglichkeit abzudanken, um den Weg für eine politische Neuordnung freizumachen. Der patrizische Große Rat reagierte mit hilfloser Panik und löste sich auf.
In dieses Vakuum drang Napoleon widerstandslos ein, sogar unter dem Beifall jener Venezianer, die sich unter seiner Herrschaft eine neue Epoche mit demokratischen Vorzeichen erhofft hatten. Zwei Wochen nach der Kriegserklärung war die Inselrepublik kampflos erobert, das erste Mal in ihrer Geschichte.
Wie schon vorher vereinbart, übergab Napoleon Venedig den Österreichern. 1805 war die Stadt wieder unter französischer Herrschaft, doch der Wiener Kongreß machte Venedig dann für ein halbes Jahrhundert zu einem Stück Österreich – mit 15 Monaten Unterbrechung. Denn 1848 kam es zum Aufruhr. Daniele Manin war der Anführer. Arsenalarbeiter erschlugen ihren österreichischen Kommandanten, die vorwiegend aus venezianischen Matrosen, Artilleristen und Infanteristen bestehenden Besatzungen übernahmen die Befestigungsanlagen in der Lagune, schließlich mußten die österreichischen Truppen die Stadt verlassen. Doch der alte Haudegen Feldmarschall Radetzky ließ nicht locker. Venedig wurde unter Beschuß genommen, und mit Zeitzündern versehene Sprengstoffladungen schwebten, von Heißluftballons getragen, über den Dächern. Die Aufständischen hielten sich lange und tapfer. Erst die Cholera zwang sie zu Aufgabe.
In friedlichen Zeiten waren die Österreicher in Venedig vor allem damit befaßt, ihre ziemlich neue Rolle als Seemacht nach Kräften zu üben. In einem Staat, in dem Beamte die wahren Regenten darstellten, äußerte sich dieses Bemühen erst einmal in Dienstvorschriften. Schiffsjungen wurden dazu angehalten, „zur Stärkung des patriotischen Gefühls jeden Tag nach Schluß der Arbeit Seine Majestät mit drei Evviva-Rufen zu begrüßen", und dem Schiffskoch war es „bei strenger Strafe verboten, das Fett von der Suppe abzuschöpfen".
Davon abgesehen, widmeten sich alpenländischen Strategen mit Fleiß und Akribie dem Ausbau der Festungsanlagen. Damals entstand u. a. auf Sant'Erasmo der wuchtige Rundbau des nach Erzherzog Josef Maximilian benannte *Torre Massimiliano* als wichtiger Teil der Verteidigungskette zum Meer hin, die vom *Forte Caroman* im Süden bis Buel de Lovo am nordöstlichen Rand der Lagune reicht: ein künstlich aufgeschüttetes Inselchen in sumpfiger Einöde. Der Name sagt alles: *Buel de Lovo, Budello del Lupo*, Wolfsgedärm, unbeschreibliches Chaos. Dort findet sich kaum noch ein Mensch zurecht.

*Burano war schon anno dazumal beliebtes Motiv für Andenkenfotos und Postkarten.*
*Oben: Alltagsleben am Burchielle-Kanal.*
*Unten: Merlettaie, die Mädchen aus der Spitzenmacherschule.*

Forte Sant'Andrea, eines der wichtigsten Bollwerke in der Lagune. Durch Jahrhunderte ersetzten Befestigungen auf den Laguneninseln und am Festland die Stadtmauer. Auch unter österreichischer Herrschaft wurde diesen Anlagen Respekt und akribische Beachtung gezollt.

Links: Blick von San Nicolò di Lido zum Porto di Lido mit der Festung Sant'Andrea.

Unten: Plan aus dem 1900 in Wien gedruckten Büchlein mit Informationen über die Verteidigungsanlagen Venedigs.

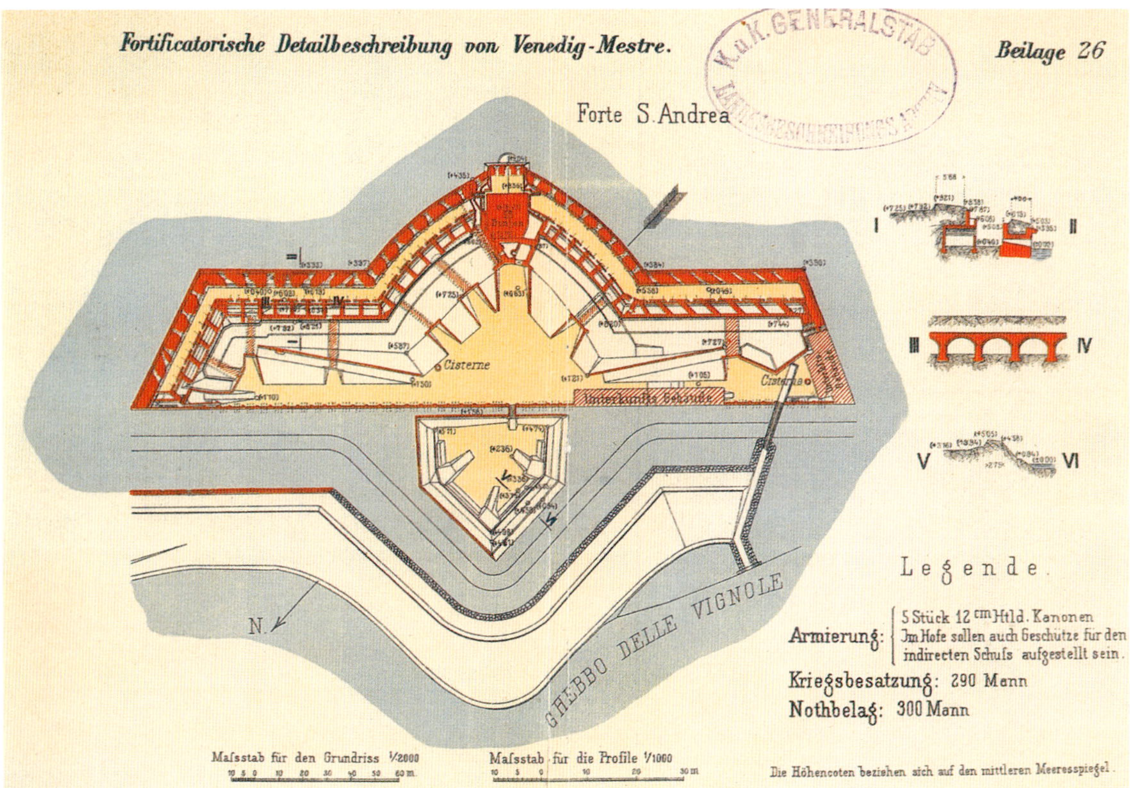

Nach 1866 übernahm dann das geeinte Köngreich Italien das militärische Erbe und setzte den Ausbau der Lagunenfestungen fort, obwohl es an Geld mangelte und die Anlagen moderner Kriegstechnik keinen nennenswerten Widerstand bieten konnten. Österreich beobachtete diese Aktivitäten dennoch mit Argwohn und unverhohlenem Interesse: Der 1882 abgeschlossene Dreibundvertrag mit Italien und Deutschland war jederzeit kündbar, und Drohgebärden italienischer Nationalisten gegen Triest und das Trentino nährten die Lust der Generalstäbler auf eine nicht gänzlich undenkbare Wiedereroberung Norditaliens.

Um 1900 fand jedenfalls das vor 1866 gesammelte und durch Spione auf aktuellem Stand gehaltene Wissen seinen Niederschlag in einer geradezu liebevoll gestalteten Dokumentation aller Verteidigungsbauwerke rings um Venedig und in der Lagune, einem Reiseführer für künftige Eroberer sozusagen. Jeder Offizier der möglichen Angriffsarmee sollte es in der Tasche haben. Eine Fülle von Informationen über Stadt, Land und Leute ist aufgelistet, vom Netz der Telegrafendrähte bis zu Hauptgebieten der Malariaverseuchung. Vor allem aber werden 18 Befestigungen an der Seefront, 28 in der Lagune und 6 am Festland detailreich beschrieben und in farbigen Plänen gezeigt. Heute ist dieses in Italien neu verlegte Buch eine wertvolle Momentaufnahme Venedigs und der Lagune im ausgehenden 19. Jahrhundert.

Das schon genannte *Forte Sant'Andrea*, das auf einer Sandbank vor der schmalen Insel Sant'Andrea am Porto di Lido steht, dem wichtigsten Zugang vom Meer in die Lagune und zur Stadt, zählte zu den bedeutendsten Verteidigungsanlagen. Es entstand in der ersten Hälfte des 16. Jahrhunderts als Werk eines der berühmtesten Architekten der Republik Venedig, Michele Sanmicheli. Er baute ein schönes, wehrhaftes Schloß mit reich gegliederter Fassade. Schließlich ging es darum, am Tor zur Serenissima stilvoll und repräsentativ in Erscheinung zu treten – aber auch wirkungsvoll. Mit seinen Kanonen knapp über dem Wasserspiegel und einer Kette, die man zum *Forte San Nicolò* am Lido spannen konnte, machte es feindlichen Schiffen ein Eindringen in die Lagune unmöglich.

Das österreichische Handbuch von 1900 fügt die damals aktuellen militärischen Details hinzu:

*Armierung: 5 Stück 12 cm Htld. Kanonen*
*Im Hofe sollen auch Geschütze für den indirekten Schuß aufgestellt sein.*
*Kriegsbesatzung: 290 Mann*
*Nothbelag: 300 Mann*

Aber auch ein vergleichsweise kleines Objekt, wie zum Beispiel das *Oktogon Alberoni*, erweist sich in der österreichischen Dokumentation als wehrhafte Kriegsmaschine:

*Armierung: 4 Kanonen mittleren Kalibers*
*Kriegsbesatzung: 25 Mann*

Heute sind die meisten Festungsanlagen in der Lagune halb verfallen. Einige befinden sich noch im Besitz des Militärs, sollen aber bald der Stadtverwaltung von Venedig übergeben werden. Nur noch der Wasserflughafen der an Le Vignole anschließenden Insel Certosa – früher eine Kartause, deshalb der Name – wird militärisch genutzt. Wucherndes Grün deckt martialisches Gemäuer zu, da und dort wird sogar renoviert, für eine friedliche, museale Zukunft…

*An der Westseite der Kathedrale Santa Maria Assunta auf Torcello zeigt ein riesiges Mosaikbild die Kreuzigung Jesu, die Auferstehung von den Toten und das Jüngste Gericht.*

*Blick in die Apsis der Kathedrale von Torcello mit der weithin berühmten Darstellung der Gottesgebärerin, Maria Teodoga.*

*Torcello: Bruchstücke einer versunkenen Welt.*

*Skulpturen und Reben finden in diesem Weingarten in merkwürdiger Harmonie zueinander.*

*Auch San Giorgio Maggiore, am Übergang vom Canale della Giudecca in den Canale di San Marco gelegen und somit nicht mehr eigentlich zur Lagune gehörig, schrieb durch Jahrhunderte venezianische Geschichte. So stellten die berühmtesten Familien der Serenissima zahlreiche Äbte des alten Benediktinerklosters. Nach dem Zweiten Weltkrieg rettete eine Stifung Palladios vom Verfall bedrohtes Meisterwerk. Als internationales Studienzentrum gehört die Anlage heute unverzichtbar zum Geistesleben Venedigs.*

*Die Leuchtturminsel Spignon in der südlichen Lagune bei Alberoni hat ihre Funktion verloren, der Turm verfällt. Die Fischerei in den Gewässern ringsum hat – noch – Zukunft.*

*Eine Insel als Festung: das Oktogon Alberoni.*

*Der Pulverturm auf Lazzaretto Nuovo stammt aus dem 14. Jahrhundert.*

*Die martialische Seite einer Gemüseinsel: Der im 19. Jahrhundert von den Österreichern erbaute Torre Massimiliano auf Sant´Erasmo, umgeben von Artischocken.*

# Bunt und Pastell

Im Jahr 1833, zwei Jahre vor seinem Tod, schrieb der damals in Italien lebende deutsche Lyriker August Graf von Platen ein, wie es von ihm zu erwarten war, romantisches Gedicht:

*Das Fischermädchen von Burano.*

*Strickt mir fleißig am Netz, ihr Schwestern! Es soll's der Geliebte*
*Heut noch haben, sobald im besegelten Nachen er heimkehrt.*

*Weshalb zaudert er heute so lang? Die Lagune verflacht sich*
*Schon, und es legt sich der Wind; um das leuchtende hohe Venedig,*
*Wie es den Wassern entsteigt, ausbreitet sich Abendgewölk schon.*
*Ostwärts fuhren sie heut mit dem Fahrzeug gegen Altino,*
*Wo in den Schutt hinsank ehmals die bevölkerte Seestadt.*
*Häufig erbeuten sie dort Goldmünzen und prächtige Steine,*
*Wenn sie das Netz einziehn, die betagteren Fischer erzählen's:*
*Möchtest du auch, o Geliebter, und recht was Köstliches finden!*

*Schön wohl ist es zu fischen am Abende, wann die Lagune*
*Blitzt, und das schimmernde Netz vom hängenden Meergras funkelt,*
*Jegliche Masche wie Gold, und die zappelnden Fische vergoldet;*
*Aber ich liebe vor allem den Festtag, wann du daheimbleibst.*
*Auf dem besuchteren Platz dann wandelt die kräftige Jugend,*
*Jeder im Staat, mein Freund vor den übrigen schön und bescheiden.*

Nirgendwo ändern sich die Bilder so häufig und tiefgreifend wie auf den Inseln in der Lagune. Nicht so in Burano. Hier waren die Fischer zu Hause, als Torcello mit Venedig wetteiferte und Mazzorbo eitel seinen Reichtum herzeigte. Gefischt wird heute noch, auch wenn viele als Industriearbeiter nach Mestre auspendeln müssen und sich ein wenig dafür genieren. Sucht man geduldig, wird sich vermutlich eine junge Frau finden, die sich auf´s Netzeflicken versteht, verliebt ist und einen romantischen Sinn für die irisierenden Farben der Lagune bei Sonnenuntergang hat. Auch ein inniger Ausflug mit dem Boot nach dem nahen Torcello ist vorstellbar.
Gänzlich ausschließen darf man aber, daß der Jüngling bei der Heimfahrt seiner Liebsten, wie im weiteren Verlauf des Gedichts angemerkt, Lieder wie „Holdseliges Röschen" oder „In der Gondel die Blonde" vorträgt. Es darf sogar unterstellt werden, daß er nicht einmal eine der einst so beliebten Melodien des Inselkomponisten Baldassare Galuppi zur Hand hat. Dennoch prägt erstaunliche Kontinuität das Leben auf Burano, obwohl sich auf der Insel mit den unglaublich bunten Häusern und dem beunruhigend schiefen Kirchturm doch auch so ziemlich alles geändert hat. Es gab sogar eine Phase übermütigen Reichtums: Genähte und geklöppelte Spitzen aus Burano waren bis Ende des 18. Jahrhunderts ein weltweiter Verkaufserfolg. Dann aber bauten Flandern und Frankreich eigene Produktionen auf, maschinelle Ware überschwemmte den Markt, und heute kommen viele der duftigen Burano-Souvenirs aus Süditalien, wenn nicht gar aus Indonesien oder China.
Daß auf Burano noch geklöppelt wird, ist einer einzi-

*Burano, Fondamenta Cavanella: Liebevoll gepflegte bunte Individualität.*

gen alten Frau zu verdanken, die im 19. Jahrhundert ihre fast vergessene Kunst an eine hastig gegründete Spitzenschule weitergab. 1970 sperrte die Schule zu und wurde von einem Konsortium ersetzt, einer Art institutionalisierten Ratlosigkeit. Aber das Leben auf der kleinen Insel geht dank Fremdenverkehr gar nicht so übel weiter, für die Jungen besteht kein Grund zur Hektik, und die Alten haben viel Zeit, geruhsam übers Meer zu schauen, zu den Salzwiesen und Sümpfen hin, den *barene* und *paludi*, oder zur frommen Insel San Francesco del Deserto.

Pellestrina ist eine Fischerinsel wie Burano. Damit erschöpfen sich allerdings die Gemeinsamkeiten. Doch halt, nicht ganz: Auch hier sind die Häuser bunt, aber anders bunt, irgendwie trotziger. Das mag an der ex-

*Noch immer gehört die Klöppelspitze zu Burano, und einige Arbeiten stammen ja wirklich von hier.*

*Handwerkskunst und Kitsch in den Spitzenläden machen das Leben auf Burano einträglicher.*

ponierten Lage der langen, schmalen Insel zwischen der Lagune und dem offenen Meer liegen. San Pietro in Volta, Portosecco und Pellestrina grenzen auf dem schmalen Sandstreifen dicht aneinander, geschützt vom Steinwall der *murazzi*. Pellestrina ist keine touristische Herzeigeninsel, und was die Venezianer von ihren Bewohnern halten, ist unter anderem in Donna Leons Krimi „Das Gesetz der Lagune" nachzulesen:

*„Ein Pellestrino wäre für so etwas nicht schlau genug."*
*„So etwas darf man heutzutage nicht mehr sagen, Sergente", sagte Brunetti mit sanftem Tadel.*
*„Obwohl es stimmt?" fragte der Sergente.*
*„W e i l es stimmt", antwortete Brunetti.*

Ein echter *pellestrinoto*, wie die Venezianer etwas spöttisch zu sagen pflegen, hielte vermutlich dagegen,

*Nahe beim vielbesuchten Burano, doch fernab der Touristenströme: der Hauptkanal von Mazzorbo. Zum alten Fischerdorf gesellte sich in jüngster Zeit eine moderne Wohnsiedlung. Daneben bleibt Platz für Gemüseanbau und Weingärten. Ganz und gar ländlich ist das Erscheinungsbild des dazugehörigen Inselchens Mazzorbetto.*

daß es berechtigte Zweifel daran gebe, ob einer dieser hochnäsigen Städter mit dem harten Leben hier draußen zurechtkäme. In der Tat trügt die beschauliche Ruhe, trügen die Bilder von den Stelzendörfern der Fischer und Muschelzüchter, wo sie ihre Geräte lagern, bewacht von unentwegt bellenden Hunden.

Es gibt nur noch wenige Fischer, und ihre Netze bleiben immer öfter leer. Ein paar Muschelzüchter holen die begehrten *vongole veraci* aus dem Schlamm, *caparozzoli* nennt sie der Volksmund. Doch die illegale Konkurrenz ist übermächtig. Die legalen Muschelfischer heben ihre Ernte mit einer Art Rechen, dem *rastrello*, aus dem Schlamm, säubern und wässern sie sorgfältig vor dem Verkauf. Auch diese Methode stört das Ökosystem. Die wahren Seeräuber der Lagune mit ihren Schnellbooten wirbeln jedoch den Boden auf, saugen die Muscheln gewaltsam ins Boot, zerstören die lebenswichtige Mikrobiologie der Lagune und scheren sich einen Dreck darum, in welchem Zustand die Ware auf den Markt kommt. Natürlich hat die Polizei etwas dagegen, doch die Boote der Räuber sind schnell, die südliche Lagune ist groß, und der Verdienst – über 500 Euro pro Person an einem einzigen Tag – ist so hoch, daß sich die eine oder andere Strafe leicht bezahlen läßt.

Früher gab es in der Lagune sogar noch Leute, die Muscheln mit der Hand heraufholten. Das war gar nicht so einfach. Erst muß man im trüben Wasser die beiden Fühler erkennen, die nach oben ragen, und dann rasch zugreifen, bevor sie sich zurückziehen. Aber für solche Geduldspiele hat heute niemand mehr Zeit und eine Hand, die noch Stunden nach Kloake stinkt, ist auch nicht wirklich gesellschaftsfähig.

Einige Bewohner von Pellestrina finden in den Bootswerften der Insel Arbeit. Eine davon stellt als drittgrößte Werft Italiens Metallschiffe her. In einer anderen Werft, einem traditionellen *squero*, baut Piero Menetto noch immer mit der Hacke Holzschiffe nach dem Vorbild der legendären, dickbäuchigen *trabacoli*, der hochseetüchtigen Lastschiffe mit rundem Bug, massiv genug für Steine aus Istrien. Piero ist ein *maestro de ascia*, ein „Meister der Hacke" vom alten Schlag, gut Freund mit den Fischern, die auch selber in seiner Werft Reparaturen vornehmen und sich zwischendurch für wenig Geld jede Menge Ratschläge holen. Aber Pellestrina blutet aus. Im 18. Jahrhundert gab es hier noch 10.000 Einwohner hier, heute leben kaum noch 500 Menschen auf der Insel.

Zum südwestlichen Ende hin wird der Landstreifen immer schmäler, die Häuser bleiben zurück, eine Tankstelle gibt es da, für Autos und für Boote, und auf die Anlegestelle des Fährschiffes nach Chioggia folgt nur noch der Friedhof. Dann reduziert sich die Insel auf den Damm der *murazzi* – mit Caroman als Anhängsel, ein kleines Naturschutzgebiet, bewaldet zur Lagune hin, mit einer Dünenlandschaft an der Adria. Festungsanlagen verstecken sich unter den Bäumen, das alte, im 18. Jahrhundert erbaute Fort schaut aufs offene Meer. Noch immer gibt es ein von Nonnen geführtes Ferienlager für Kinder auf Caroman, gibt es Natur, ein paar Abfallhaufen und sehr vereinzelte Spaziergänger zwischen Lagune und Meer.

Ja, und dann auch noch Chioggia, laut, bunt und frech, wie zu Goldonis Zeiten, eher dem Meer und dem Festland zugehörig, als der Lagune. Es gehört auch nicht mehr zur Venedig. Aber auch hier steht ein steinerner Markuslöwe, allerdings von nicht ganz ebenmäßiger Gestalt. *Il vostro gatto.* Eure Katze. Sagen die Venezianer abfällig.

Der Weg zurück in die Lagune führt über Pellestrina nach Alberoni am Lido, von der Arbeitswelt in die Freizeitwelt. Die vornehme Zerstreuung fängt mit einem

Golfplatz auf dem Gelände der ehemaligen Festung an und nimmt seine Fortsetzung am von einer Mole geschützten Dünenstrand mit einer erstaunlich hohen Dichte an Liebespaaren. Auf halbem Weg ins mondäne Zentrum der Insel liegt Malamocco, eine berührende Enklave einfachen, beschaulichen Lebens. Das Fischerstädtchen folgt der verschwundenen Insel gleichen Namens und wirkt selbst so, als gehöre es mehr in die Vergangenheit als in die Gegenwart.

Man könnte eigentlich gleich hier, in einer der Bars im urwüchsigsten Sinn des Wortes, hocken bleiben und der vornehmen Welt nebenan literarisch gerecht werden. Die Auswahl ist groß, sehr groß, immerhin fand sich die bessere Gesellschaft des *fin de siècle*, einschließlich ihrer Dichter und Denker, in schöner Vollständigkeit am Lido ein. Aber letztlich führt kein Weg an Thomas Manns Novelle „Der Tod in Venedig" vorbei. Der wichtigste Schauplatz und Drehort von Viscontis gleichnamigem Film, das Hotel des Bains, steht natürlich im Mittelpunkt.

*Er betrat das weitläufige Hotel von hinten, von der Gartenterrasse aus, und begab sich durch die große Halle und die Vorhalle ins Office. Da er angemeldet war, wurde er mit dienstfertigem Einverständnis empfangen. Ein Manager, ein kleiner, leiser, schmeichelnd höflicher Mann mit schwarzem Schnurrbart und in französisch geschnittenem Gehrock, begleitete ihn im Lift zum zweiten Stock hinauf und wies ihm sein Zimmer an, einen angenehm in Kirschholz möblierten Raum, den man mit stark duftenden Blumen geschmückt hatte und dessen hohe Fenster Aussicht aufs offene Meer gewährten. Er trat an eins davon, nachdem der Angestellte sich zurückgezogen, und während man hinter ihm sein Gepäck hereinschaffte und im Zimmer unterbrachte, blickte er hinaus auf den nachmitttäglich menschenarmen Strand und die unbesonnte See, die Flutzeit hatte und niedrige, gestreckte Wellen in ruhigem Gleichtakt gegen das Ufer sandte.*

Doch der Lido, so künstlich seine theatralische Freizeitwelt manchmal auch wirken mag, ist ein Stück lebendiger, immer noch vergnüglicher Gegenwart in der Lagune. Einige Bereiche des zwölf Kilometer langen Strandes sind auch im Hochsommer frei zugänglich: viel Platz für Badefreuden angesichts einer weltberühmten Silhouette. Jugendstil und Art Deco beschwören mit müder Geste künstlerische Neuzeit von Gestern, schlichte, weiße Villen säumen die Lagunenseite, neben dem Porto di Lido steht die Kirche San Nicolò, traditionsreicher Orientierungspunkt für die Seefahrt. Dereinst wollte Venedig aus der Behauptung, hier – und nicht in Bari – läge der heilige Nikolaus begraben, frommes Kapital schlagen. Abseits der Legende schreiben andere Gräber Inselgeschichte: Der jüdische Friedhof verbindet Venedigs Ghetto, das erste der Welt, mit dem Lido, läßt eine bittere Vergangenheit versöhnlich in unsere Zeit münden. Der protestantische Friedhof hingegen, in dem lange Zeit jene *acattolici* begraben werden mußten, die in Venedig starben, mußte dem Bau des Flughafens weichen.

Wir tauschen Gräber, Hotels und Nobelvillen gegen Fabriken und Werkstätten, altmodische Eleganz gegen uralte Handwerkskunst, Lido gegen Murano. Doch auch Murano hat eine vornehme Vergangenheit. Bis ins 13. Jahrhundert war die Insel von Gärten und Villen bedeckt, ein stilles und im Bedarfsfall auch verschwiegenes Refugium der Noblen Venedigs. Dann aber wurde es für die Lagunenstadt zur Überlebensfrage, die zwar einträglichen, doch feuergefährlichen Glashütten auszulagern. Also geriet Murano zur Ar-

*Jede der bewohnten Inseln in der Lagune hat ihren ganz speziellen Charakter. Auf Burano präsentiert er sich besonders farbig. Eine Fischerinsel ist Burano allerdings nur noch so nebenbei. Wie als Bestätigung steht das Haus, in dem Emilio Pesenti einst die Fischerei-Kooperative gründete, zum Verkauf.*

*Es gibt sie noch, die Fischer vom alten Schlag: Angelo Gezzo aus Pellestrina ist so einer.*

*Und noch stehen sie ihren Mann, die traditionellen Bootsbauer wie Piero Menetto.*

beitswelt, wenn auch zu einer privilegierten. Die Glasmacher der Insel hatten die Freiheit, über ihre Stadt zu bestimmen, sie prägten ihr eigenes Geld, ein Adelsstand war für sie reserviert. Es gab nur zwei Nachteile: Verriet ein Glasbläser ein Geheimnis seines Standes, verlor er eine Hand, verließ er die Insel, um anderswo sein Glück zu machen, verlor er sein Leben.

Obwohl sich die komplizierte Kunst des Glasmachens besser schützen ließ als die Spitzenkunst aus Burano, war auch die Glaserzeugung von Murano nicht auf alle Zeiten exklusiv zu bewahren, Diese betrübliche Tatsache und die Industrialisierung am Beginn des 19. Jahrhunderts trieben Murano an den Rand des Ruins. Dann aber brachten *Belle Èpoque* und Jugendstil wieder Schwung in die Produktion. In den 60er Jahren ging es wieder bergab, bis der Massentourismus zu einem anhaltenden Aufschwung führte. Fabriksbesichtigungen, Massentourismus mit Massengeschmack: bunt, grell, von allem zu viel. Aber es gibt auch Ausnahmen, Glaskünstler, die heute noch Arbeiten von hoher Qualität und singulärer Ausdruckskraft schaffen. Und es gibt das sehr schöne, sehr elegische *Museo dell'arte vetraria*, wo zu sehen ist, wie leicht, elegant und kostbar Glas aus Murano auch sein kann.

Doch nicht nur Glas gehört zu den Werten dieser umtriebigen Insel. Die Kirche Santi Maria e Donato baut eine unsichtbare Brücke zu Santa Maria Assunta auf Torcello. Sie gehört zu den ältesten der Lagune. Auf einem Vorgängerbau aus dem 7. Jahrhundert errichtet, entstand sie im 12. Jahrhundert kurz nach der Markusbasilika von Venedig. Sie ist ein eigenwilliger venezianisch-byzantinischer Bau auf einem sechseckigen Grundriss mit zwei Stockwerken, das obere ist als Galerie ausgebaut. Im Kircheninneren führt der Weg über den wunderschönen, von Feuchtigkeit gewellten Mosaikboden aus Marmor und farbigem Glas zur Apsis mit dem riesigen Mosaikbild der Madonna.

*Rechts: Ein „Meister der Hacke" setzt auf tradierte Handarbeit (Piero Menetto in seiner kleinen Werft in Pellestrina, darunter sein wichtigstes Werkzeug).*

*Blick über die Dächer von Pellestrina.*

*Ein Muschelfischerboot mit legaler Technik, einer Art Rechen, dem „rastrello".*

*Muschelzuchtbetrieb in der südlichen Lagune.*

*Auf solchen Pfahlbauten werden Fischereigeräte aufbewahrt.*

*Fischernetze und Miesmuscheln gehören immer noch zur Lagune, auch wenn die Fischerei ihre wirtschaftliche Bedeutung von einst verloren hat.*

*Der Fischerhafen*
*San Pietro in Volta auf der*
*Insel Pellestrina.*

*An Winterabenden versteckt sich das Leben auf Burano in den Häusern.*

*Auch wenn es auf den Inseln leiser geworden ist, eines bleibt Tag und Nacht gewiß: Der nächste Motoscafo oder der nächste Vaporetto kommt bestimmt.*

*Leben ohne Hektik zwischen Lagune und Meer: im Bezirk Busetti auf Pellestrina.*

*Auch bunt wie auf Burano, doch anders bunt: Fischerhäuser auf Pellestrina.*

Inselalltag: Die Straße als Wohnzimmer.

Oben: Kommunikationsfördernde murazzi.

Links: Ewig junge Senioren auf Burano.

*Nach dem Kirchgang ins Wirtshaus. Sonntägliches Kartenspiel in der Bar „Da Niky" auf Pellestrina.*

*Auch in Pellestrina nur für die Frömmsten: Morgenmessse an einem Wochentag.*

*Die Liebespaare bleiben aus, Sand weht die Badehütten zu: der Strand von Alberoni im Winter.*

*Der Leuchtturm von Alberoni weist den Weg aus der Adria durch den Porto di Malamocco in die Lagune.*

*Wind, Sand und Vegetation als Landschaftsgestalter: die Dünen von Caroman.*

*Nur auf Inseln mit Süßwasser und geeigneten Böden wachsen Bäume. Der Wald im Naturschutzgebiet von Caroman ist einzigartig in der Lagune.*

*Fischmarkt: Das Leben in Chioggia ist schon mehr der Adria zugewendet als der Lagune.*

*Chioggia: Nur ein Teil des Angebotes landet in venezianischen Küchen. Mailand und Turin sind potente Abnehmer.*

*Stille Gegenwelt zum mondänen Zentrum des Lido: Malamocco, der Campo della Chiesa.*

*Calle della Madonna in Malamocco: fromme Einkehr im Vorbeigehen.*

*Malamocco, fast schon feudal: Dieses ehemalige ist heute ein Hotel.*

*Durch Literatur endgültig zu Weltruhm gekommen: das Hotel des Bains am Lido.*

*Oben: Im Hotel des Bains wohnt man nicht, man residiert.*

*Links: Weniger vornehm, nicht weniger genußvoll – sonntägliches Strandleben am Lido im öffentlichen Badebereich .*

*Murano. Während der Lido als Insel des Vergnügens berühmt geworden ist, zeigt die Glasinsel erst einmal Fabriksfronten.*

*Moderne Öfen, überlieferte Kunst: Glasbläser der CAM Vetri d´Arte.*

*Gläser hinter Glas: die Fondamenta Vetrai in Murano.*

*Links: Nur der Mensch ist nicht aus Glas. Schauraum in der Glasfabrik CAM Vetri d´Arte.*

*Rechte Seite:*
*Fragile Eleganz im Glasmuseum von Murano und die farbenprächtige Gegenwart in einem Schaufenster an der Fondamenta Navagero.*

*Ein spirituelles Gegenüber zur Kathedrale auf Torcello: die Basilika Santi Maria e Donato auf Murano.*

# Metamorphosen

In seiner Blütezeit wuchs Venedig über sich hinaus. Das betraf nicht nur ein im 13. Jahrhundert zu eindrucksvoller Größe gewachsenes koloniales Imperium und den venezianischen Besitz auf dem Festland. Auch in der Lagune dehnte sich die Stadt aus, machte sich die Welt der Inseln dienstbar, schuf komplexe Strukturen. Folgerichtig wurde die Serenissima lange Zeit nicht *Venezia* genannt, sondern *Venetiae*. Der Plural paßte einfach besser zum facettenreichen Erscheinungsbild. Die Stadt selbst war der prächtige Mittelpunkt, repräsentativ und zeitlos. Die Inseln ringsum bekamen ihre nützliche, erbauliche oder auch vergnügliche Identität zugewiesen und behielten sie, so lange es sinnvoll war. So kommt es, daß sich der Zeiten Wandel auf vielen Laguneninseln rascher und deutlicher bemerkbar machte als in der Stadt Venedig.

Ein Beispiel für viele ist San Servolo, nur ein paar hundert Meter vom Markusplatz entfernt. Schon im 8. Jahrhundert wurde hier ein Benediktinerkloster gebaut. Anfangs profilierte sich der Konvent im gesellschaftlichen Leben Venedigs mit geistvollen literarischen Zusammenkünften, an denen häufig auch Dogen teilnahmen. Im Jahr 1001 kam San Servolo sogar zu politischen Ehren: Der Doge Pietro Orseolo II. traf sich dort in aller Heimlichkeit mit Kaiser Otto III. – bestimmt nicht zum Nachteil für Venedig.

Die frommen Brüder von San Servolo waren aber nicht nur versierte und diskrete Gastgeber. Sie übten sich in der Heilkunst und halfen Armen und Kranken. Dieser Umstand war allerdings schuld, daß der mächtige Rat der Zehn 1725 einen düsteren Entschluß faßte, nämlich den, auf San Servolo „Verrückte aus vornehmer Familie oder begüterten Verhältnissen" unterzubringen. Daß sich Venedigs Aristokratie künftig auf San Servolo auch solcher Familienmitglieder entledigte, bei denen es opportun schien, sie als geisteskrank zu betrachten, darf unterstellt werden. Als dann Napoleon das Ende des Klosters erwirkte, durften auch Menschen wie du und ich hinter eisernen Türen verwirrt sein.

Noch in den 60er Jahren unseres Jahrhunderts war San Servolo ein Ort des Schreckens: Kranke in grauen Uniformen hinter hohen Drahtzäunen, Jammern und Schreien aus den Krankensälen. Erst 1978 machte einer der wirklich großen Söhne Venedigs, der Psychiater Franco Basaglia, dem Alptraum ein Ende. Seitdem gibt es in Italien keine geschlossenen Anstalten mehr. Von San Servolos Vergangenheit ist nur noch wenig zu sehen. Dunkles, altes Gemäuer wird hell getüncht, daneben sind moderne Universitätsgebäude entstanden, und jenes Häuschen im Park, in dem Regale mit aufgeschnittenen Schädeln und betulich konservierten Gehirnen stand, wurde gründlich entsorgt. *Venice International University*, Europäisches Zentrum für Kunsthandwerk ... Die Zukunft darf kommen.

Auch das nahe San Clemente ist auf einem neuen Weg, auch dort ragen Baukräne in den Himmel. Doch an Vergangenheit herrscht erst recht kein Mangel. In den Chroniken des Dogen Enrico Dandolo, Eroberer von Konstantinopel und Anführer des Vierten Kreuz-

*Die Klosterkirche auf San Servolo.*

zuges, ist nachzulesen, daß ein reicher Kaufmann im Jahr 1146 zu Ehren des heiligen Clemens ein Quarantäne-Hospiz für Pilger errichtet hatte – ein ebenso gottesfürchtiges wie einträgliches Unterfangen.
Gegen Ende des 12. Jahrhunderts zogen Augustinische Väter ein, im fünfzehnten Jahrhundert folgten Franziskaner und Dominikaner. Damals entstanden die heute noch erhaltene Kirche und ein Kloster. Nach der glücklich überstandenen Pest wurde im Kicheninneren aus buntem Marmor das „Haus Nazareth" gebaut und 1643 mit großem Pomp eingeweiht. Alle Galeeren der Serenissima zeigten dabei ihre Pracht, bevor sie eilends in den Krieg gegen Kreta zogen. Ein frommer Gönner kaufte dann die Insel für Camaldulenser Hermiten und stattete den Orden so üppig mit Vermögen aus, daß dieser den Künstler Andrea Cominelli damit beauftragen konnte, die Fassade der Kirche neu zu gestalten.

Mit dem Einzug Napoleons endete, wie auch anderenorts in der Lagune, das klösterliche Leben. Unter österreichischer Regierung wurde ab 1855 das leerstehende Kloster fast zur Gänze demoliert und durch ein mächtiges, abweisend wirkendes Gebäude ersetzt, damals noch wenig einfühlsam als „Hauptirrenhaus für alle Fälle geistiger Erkrankungen in den venezianischen Provinzen" bezeichnet. Noch in jüngster Vergangenheit wurde San Clemente als – nunmehr zeitgemäße – Nervenheilanstalt geführt.
Schließlich stand die Insel wieder einmal leer, die Gebäude wurden geplündert. Einige Zeit hatte es den Anschein, als sollte mit einem Universitätscampus akademische Klarheit der geistigen Verwirrung folgen, doch daraus wurde nichts. Ein privater Käufer hat sich gefunden, ein bekannter Textilkonzern soll dahinterstehen ... Doch so genau will das eigentlich niemand wissen. Für die Venezianer waren die Inseln vor der Haustür nie wirklich interessant, schon gar nicht die *isole dei dolori*, diese Inseln der Schmerzen.
Auch La Grazia (eigentlich Santa Maria della Grazia) gehört dazu. Im 15. Jahrhundert entstand dort ein Kloster, das nach dem Ende der Republik Venedig zum Pulvermagazin wurde. Als sich 1848 die Venezianer gegen die ungeliebten Herren aus Österreich erhoben, sprengten sie die Inselkirche in die Luft. Heute steht dort ein Spital für infektiöse Lebererkrankungen.
Eine andere Insel etwas weiter südlich, Sacca Sessola, ist am Ende fortwährenden Bedeutungswandels zum Niemandsland geworden. Daß es einmal ein Krankenhaus dort gegeben hat, ist längst in Vergessenheit geraten, und als sich in jüngster Zeit die Universität von Venedig auf die Inseln in der Lagune ausdehnen wollte, wurde auch Sacca Sessola in das Projekt einbezogen. Schließlich kam die Insel als Standort einer Müllverbrennungsanlage ins Gerede. Doch bis heute entledigt sich Venedig seines Abfalls auf eine Weise, über die niemand gerne redet. Für die Zukunft von Sacca Sessola bleiben vage Spekulationen übrig, an denen sich übrigens auch Brunettis Sergente in Donna Leons „Gesetz der Lagune" beteiligt:

*„Da drüben", sagte Vianello und zeigte nach rechts zu einer größeren Insel in mittlerer Entfernung. „Sacca Sessola. Da sind wir als Kinder immer zum Brombeerpflücken hingefahren. Die Insel war schon damals verlassen, daher wuchsen sie wie verrückt. Wir haben sie kiloweise gepflückt und uns die Bäuche vollgeschlagen, bis uns schlecht wurde." Vianello hob die Hand, um seine Augen vor der Sonne zu schützen. „Aber jemand hat mir erzählt, daß sie verkauft worden ist, versteigert an eine Universität oder an irgendein Unternehmen, und jetzt soll so etwas wie ein Kongreßzentrum darauf entstehen." Brunetti hörte den Sergente seufzen. „Nichts mehr mit Brombeeren."*

Und dann noch Poveglia. Ein paar hundert Meter ist die Insel vom Lido entfernt, ein paar Welten liegen auch noch dazwischen. Ein Campanile zeigt himmelwärts, als wäre sein Geläute erst gestern verstummt, und die Ruine eines großen, immer noch repräsentativen Gebäudes schaut nicht viel anders aus als ein schon lange geschlossenes Grandhotel. Niemand lebt mehr auf Poveglia. Die Kirche San Vitale ist zerstört. Grün wuchert über die Mauern der Quarantänestation aus dem 18. Jahrhundert, die später zum Heim für die Armen und Alten Venedigs wurde. Grün verwischt fast schon vergessenes Elend, wächst über Dächer, drängt sich durch offene Fenster, nimmt die Insel an sich.
Anfang der 80er Jahre hatte es aber beinahe so ausgesehen, als sei der rechte Prinz eingetroffen, um Dornröschen auf das Innigste wachzuküssen.

*San Servolo: Helle Farben übertünchen eine dunkle Vergangenheit.*

*San Servolo heute: „Venice International University" und ein „Europäisches Zentrum für Kunsthandwerk".*

Damals brauchte sich der allmächtige Chef des Agrarkonzerns Ferruzzi, Raoul Gardini, in Venedig erst gar nicht wichtig zu machen, weil er ohnehin bedeutend war. Nur einer wie er brachte die Mittel zuwege, sich mit dem *Moro di Venezia* eine Segelyacht zu leisten, die sich immerhin zweimal dem Wettbewerb um den Amerika-Cup stellte. Gardini kaufte die Insel Poveglia, doch man sollte nie erfahren, welche Pläne er damit verfolgte, denn er unterschrieb einen weiteren Kaufvertrag. Damit war für wissende Venezianer klar, daß die Zukunft nur düstere Verderbnis bringen konnte. Gardinis neue Stadtresidenz war nämlich der Palazzo Dario, und auf diesem lastet seit jeher ein böser Fluch. Ob letzterer oder Gardinis Lust an gewagten Finanzabenteuern zum größten Wirtschaftsskandal Italiens der letzten Jahrzehnte führte, sei dahingestellt. Jedenfalls machte Raoul Gardini Bankrott, erschoß sich mannhaft, und seine Frau ging in Kloster.
Poveglia versank nach diesem Paukenschlag wieder in unberührte Stille.

*San Servolo in den 80er Jahren: leere Klosterräume, Krankenelend vergangener Tage konserviert in Gläsern und fotografisch festgehalten.*

Vor wenigen Jahren gab es hier noch Spuren des Lebens und Sterbens von Menschen zu sehen. Felder und Weingärten, einst betreut von jenen, die noch ein wenig Kraft zur Arbeit hatten, boten einem Bauern einen bescheidenen Nebenerwerb, hinter vergitterten Fenstern standen Stockbetten, die es sich nicht zu stehlen lohnte, rostete die grausige Maschinerie wenig subtiler Therapien vor sich hin, gab es da und dort auch einen Sarg zu sehen. Am Hafenkran baumelte ein altmodischer Rollstuhl. Zynismus? Die Stille hat den bösen Spott verschluckt.
Heute verwildern die Weingärten und Äcker, der einstmals tiefe Poveglia-Kanal versandet. Doch ein paar alte Leute erinnern sich an eine schöne Insel, mit vielen Lichtern am Ufer, mit einem kleinen Hafen und einem Wäldchen dahinter, in dem Konzerte und Theaterstücke für die Bewohner gegeben wurden.
Vorbei, sogar der Tod ist hier längst gestorben, und mit der Insel geht es auch zu Ende: das Meer frißt sie auf. Natürlich wäre Poveglia zu retten, doch das kostet viel Geld. Neuerdings steht die Insel im Eigentum des italienischen Automobil- und Touring Clubs, der sie, wie man so hört, zu einem Ort der Begegnung junger Menschen machen will. Ein Lagunenprojekt, wie so viele. Eines ist allen gemeinsam: Der Weg von der Idee bis zur Verwirklichung ist weit.

Metamorphosen ... Dieses Thema liegt über der Lagune wie eine elegische, doch auch merkwürdig leichte Melodie: Veränderung gehört eben dazu. In vielen Bars von Venedig steht eine Sparbüchse mit der Aufschrift DINGO. Wer diese Gelegenheit wahrnimmt, sein Kleingeld einem guten Zweck zu widmen, könnte den Erfolg seines löblichen Tuns in der Nähe des Lido auf der Insel Lazzaretto Vecchio besichtigen. Hier stand Venedigs erstes Seuchen- und Quarantänespital und hier sind heute jene herrenlosen Hunde und Katzen zuhause, die in Venedig eingefangen und anschließend sterilisiert werden. Den Vierbeinern geht es recht gut auf ihrer Insel. Mehr noch als Geldspenden erfreut die Vierbeiner der *pastone* aus altbackenem Brot und Nahrungsresten aus den Bäckereien und Restaurants der Stadt.
Lazzaretto Nuovo, in der nördlichen Lagune, nicht weit von Sant'Erasmo entfernt, wurde so genannt, um Verwechslungen mit der Vorgängerin zu vermeiden. Aus-

*Alte Ansicht von Lazzaretto Nuovo. Von der großen Kirche ist heute nichts mehr zu sehen.*

*Poveglia, eine Insel mit wechselhafter Vergangenheit und ungewisser Zukunft.*

grabungen weisen nach, daß schon in der Bronzezeit Menschen hier lebten. Im Mittelalter waren die Mönche von San Giorgio Maggiore Eigentümer der Insel. Sie ließen eine Kirche bauen, die heute nur noch Erinnerung ist.

1468 beschloß der Senat der Serenissima den Bau einer großzügigen Spitalsanlage, um der Ansteckungsgefahr durch Reisende aus aller Welt zu begegnen. Lazzaretto Nuovo geriet recht eindrucksvoll, mit hunderten Räumen in schloßartigen Gebäuden, mit großen venezianischen Kaminen. Durch weitläufige Hallen wehte der Duft von Rosmarin und Minze: Mit dem Rauch von aromatischen Kräutern wurde versucht, Handelsware zu entgiften. Das im 17. Jahrhundert errichtete Hauptgebäude *Tezon Grande* mit seinen offenen Bogenfenstern war eines der größten in der Lagune. Noch heute sind an den Wänden Inschriften und Zeichnungen von Händlern, von Wächtern und Mitarbeitern des Gesundheitsbehörde zu sehen.

Im 18. Jahrhundert verlor diese Einrichtung allmählich an Bedeutung. Napoleon und die Österreicher verwandelten das Gemäuer in eine Festung, wohlkoordiniert mit den Wehranlagen auf Sant'Erasmo. Dann zog italienisches Militär ein, und seit 1975 zählt Lazzaretto Nuovo zu den zivilen Kulturgütern. Der Verein *Ekos Club* hat die Insel gepachtet, renoviert, forscht und verfolgt kühne Projekte …

Auch anderswo in der Lagune flackert schon erloschenes Leben wieder auf, weil es Menschen gibt, die Tradition auch fernab vom Markusplatz bewahren möchten. Auf San Giacomo in Palude oder *in palluo*, wie die Venezianer sagen – im Sumpf – ist *Italia Nostra* tätig, eine Organisation, die sich landesweit um den Erhalt historischer Bausubstanz bemüht. Das Inselchen, auf halbem Weg zwischen Murano und Burano gelegen, schrumpft vor sich hin, weil die Seemauern verfallen sind, bröckelnde Ruinen stehen zwischen wirrem Buschwerk, eine kleine Kapelle ist noch erkennbar. Im 11. Jahrhundert stand hier eine Herberge für Pilger, dann zogen Nonnen ein, Mönche folgten und später – schier unvermeidlich – Soldaten. Vor einigen Jahren bemühten die Veranstalter der Biennale den morbiden Reiz dieses sterbenden Inselchens, ließen dort ein Theaterstück aufführen und huldigten im Fackelschein einer schon halb vergessenen Vergangenheit.

Etwas weiter Richtung Burano: Madonna del Monte. Erst Klosterinsel, dann Pulverfabrik, Ruinen, Militärgelände bis heute …

Fast alle der heute verlassenen kleinen Inseln haben eine spirituelle und eine martialische Seite. Das entlegene, schon vom Namen her hochexplosive Sant' Angelo della Polvere (Pulver) hieß früher Sant'Angelo della Concordia (Eintracht). Weil es aber die Nonnen des Inselklosters an Keuschheit fehlen ließen, mußten sie gehen. Die nachfolgenden Karmeliter verließen des Kloster freiwillig, weil es ihnen gar zu einsam war. Also wurde aus dem Inselchen ein Pulvermagazin, das 1689 ein Blitzschlag in die Luft fliegen ließ. Die Energie von 300 Fässern Pulver reichte aus, die große Umfassungsmauer, vier Türme und ein prächtiges Festungstor zu zerstören.

Nicht weit davon entfernt schaut auf San Giorgio in Alga (in den Algen) eine einsame Madonna über eine der ödesten Gegenden der Lagune. Die alte Geschichte: Kloster, politisches Gefängnis, Zerstörung. Nach dem Krieg wollte der Patriarch von Venedig diese Insel für ein kirchliches Projekt kaufen. Der Patriarch wurde Papst – Johannes XXIII. – , das Projekt ruht …

Zwischen San Clemente und dem Lido ragt Santo Spirito unendlich traurig aus dem Wasser, Kloster dereinst, heute eine verfallene Festung.

Es gibt aber auch kleine Inseln in der Lagune, die eine selbstbewußte Gegenwart und eine gesicherte Zukunft herzeigen, weil sie betuchte Eigentümer haben. Tessera gehört dazu, an der das Flughafenboot vorbeifährt. Carbonera ist in der Nähe von Murano zu finden, und weit hinter Torcello versteckt sich Santa Cristina zwischen den sumpfigen Salzwiesen. Hier freut sich der Tiroler Gernot Langes-Swarovsky, Chef des weltweit tätigen österreichischen Kristallglasunternehmens, über 600 Marillenbäume und ungestörte Stille.

Anderswo gehört die Stille allen, die sie finden. Ex Poveglia, in der südlichen Lagune gelegen, war immer nur leer und grün. Alle Pläne, sie zu besiedeln, wurden aufgegeben und dafür das schon erwähnte heutige Poveglia bebaut. Wer weiß, wie es mit Ex Poveglia weitergeht? Vielleicht holt sich das Wasser der Lagune eines Tages dieses Stück Land zur Gänze oder ein Mensch kommt des Weges und hat, na was schon: ein Projekt.

*Poveglia in den 80er Jahren:
Am Hafenkran baumelte
ein verrosteter Rollstuhl,
das Leben und vor allem das
Sterben waren noch
beklemmend präsent.*

*Poveglia. Quarantänespital, Armenhaus und ein Hauch von Grand-Hotel.*

*Natur überwuchert Menschenwerk.*

*Lazzaretto Nuovo: Cerolamo Fazzini leitet die Arbeiten zur Revitalisierung der Insel.*

*Die ehemalige Festungsinsel Santo Spirito in der südlichen Lagune.*

*Auch auf San Giacomo in Palude, wo der Vaporetto nach Burano und Torcello ganz nahe vorbeifährt, gibt es Anstrengungen, das historische Erbe zu bewahren.*

## Leben und Tod

Ein Hochsommer-Sonntag auf Pellestrina, aber nicht irgendeiner. Am 4. August 1716 beschenkte die glorreiche Mutter Maria auf Pellestrina einen gewissen Natalino mit der Huld ihrer Erscheinung. Sie sprach zu ihm mit einfachen, aber eindrucksvollen Worten, vor allem aber in himmlisch akzentfreiem Veneziano: *Tel digo a tì, perché ti xe degno…*

Das muß natürlich gefeiert werden, Jahr für Jahr: mit Hochämtern, Prozessionen und Regatten. Wer immer auf der Insel etwas zu melden hat, ist dabei, sogar der Karate-Club. Schon um die Mittagszeit ist der ganze Ort unterwegs. Um 16.30 Uhr wird die Jugend mit ihrer Wettfahrt beginnen, um 17.25 Uhr folgen die Frauen, *mascarete* werden ihre Boote genannt. Doch so richtig spannend wird es erst, wenn um 18.00 Uhr die Männer ihre farbenprächtigen *pupparini* in Bewegung setzen, mit zwei Ruderern jeweils, nach venezianischer Art.

Scharen von Booten begleiten die Wettkämpfer, am Ufer folgt das Publikum zu Fuß, mit Fahrrädern und auf Mopeds aufgeregt dem Geschehen, Polizei und Rettung machen sich lautstark wichtig. Ein Platzsprecher jagt hektisch Wortsalven über die Köpfe hinweg. Die Rennstrecke führt vom Friedhof bis zum anderen Ortende. Dort wird gewendet und dann geht es nur noch um den Sieg. Im Zentrum, vor der Kirche Santa Maria di San Vito, ist das Ziel. Die Siegerehrung ist ebenso feierlich wie ohrenbetäubend.

Natürlich sind auch die Freunde Sergio Zennaro, Piero Menetto und Oreste unter den Zuschauern, Lagunenmenschen reinsten Wassers, alle drei. Sergio hat in einer sehr vergangenen Zeit den Beruf eines Landvermessers erlernt. Heute ist er Barbesitzer, sechs Monate im Jahr tätig, aber auch in dieser Zeit nur, wenn er Lust hat. Sein Lokal thront auf einem Bündel von Pfählen vor der Küste von Caroman. Wenn die schöne Jahreszeit kommt, bringt Sergio mit seiner Vespa Speiseeis und Wasser zur Bar, Frau und Tochter folgen, die zahme Hausmöwe ist schon vorangeflogen. Freiheit, sagt Sergio, das ist es. Und er schaut nachdenklich auf Caroman. In den 50er Jahren hat es dort noch eine blühende Landwirtschaft gegeben, Artischocken und Tomaten wurden angebaut. Doch dann wurde die Pacht so erhöht, daß die Gegend verödete. Gemüse holt sich Sergio aus dem Garten vor seinem Haus in Pellestrina. Es läßt sich schon leben so. Seine Frau unterrichtet an der Volksschule, und er verdient da und dort im Winter widerwillig etwas dazu. Man muß sehen, wie man durchkommt heutzutage. Aus Bauern und Fischern sind Vaporettoschaffner und Gelegenheitsarbeiter geworden. Und dann gibt es noch Ausnahmeerscheinungen, Lichtgestalten wie Oreste. *Il mio grande amico Oreste.*

Auch der ewige Junggeselle Piero Menetto, mit seiner traditionellen Werft verheiratet, lächelt verklärt, wenn der Name Oreste fällt, und findet gar nichts daran, daß eine seiner Hallen seit Jahrzehnten der Torso eines Schiffes füllt, an dem Oreste baut, oder nicht baut, aber vielleicht doch wieder bauen wird. Oreste hieß einmal Horst Weitmayr, aber das ist sehr

*Der Höhepunkt der sommerlichen Regatta von Pellestrina: das Herrenrennen.*

lange her. In Wien hat er Architektur studiert, unter anderem bei Roland Rainer. Dann ging's nach Amerika an die Berkeley University. 1960 gab's das Nara-Shi-Stipendium für Architekturstudien in Japan. Damals hat er einem gewissen Herrn Hundertwasser Kyoto gezeigt. Dann zog es den immer noch Wissbegierigen ans Ufer des Ganges, auch fand sich ein Guru, dessen Lehren erste Zweifel an der Sinnhaftigkeit eines geregelten Berufslebens aufkommen ließen. Schon etwas widerwillig kehrte Horst Weitmayr nach Wien zurück, absolvierte 1966 die Ziviltechnikerprüfung und plagte sich eine Weile mit Arbeit und Finanzamt ab.

Aber der ganz andere Lebensentwurf war stets präsent: die Befreiung von irdischen Gütern. Er folgte Hundertwasser nach Venedig, hatte dort mit ihm und zahlreichen Frauen in der *Casa de Maria della Giudecca* ein durchwegs lustiges Leben und begann eines Tages damit, einen alten Salzkutter, den Hundertwasser

*Die wilde Jagd: Gerade noch in erlaubter Distanz folgen Boote mit Zuschauern den Teilnehmern des Rennens.*

*Links: Die Wettkampfstimmung spiegelt sich in den Gesichtern der Zuschauer. Das sportliche Ereignis ist fast ohne Ausnahme interne Inselsache. Die Sieger der Regatta zählen fortan zu den wichtigen Männern auf Pellestrina.*

*Rechte Seite: Am Abend nach der Regatta klingen die festlichen Tage nicht eben leise aus.*

aus Sizilien hatte holen lassen, auf Pellestrina phantastisch realistisch umzugestalten. Damals war noch Attilio Menetto Chef der Werft.

Nach fünf Jahren war das Hundertwasser-Schiff fertig, der Meister entschwand am Horizont, und Horst, längst zu Oreste geworden, war hungrig nach einer neuen Herausforderung: Noch ein Schiff, was sonst? Er zog nach Pellestrina, wurde handelseins mit Attilio und begann zu bauen, ohne Geld. Freunde spendeten das Bauholz. Nach zwei Jahren legte Oreste einen kurzen, bislang drei Jahrzehnte währenden Baustop ein. Oh ja, er ist sehr zufrieden. Er besitzt ein Fahrrad, wohnt gratis, bekommt Gemüse geschenkt und ist immer gerne als Gast gesehen. Und wenn er eines Tages das Haus für sich und seine Freundin Francesca fertiggestellt hat, wird er am Schiff weiter bauen. An die zehn Jahre kann es schon noch dauern, bis alles fertig ist, mit prächtigen Kuppeln und Zwiebeltürmchen. Dann möchte Oreste nach Griechenland segeln. Die *pellestrinoti* sind ja sehr nett, wirklich. Aber wer weiß, vielleicht ist ja doch noch eine Steigerung möglich.

Schade eigentlich, daß Oreste nie mit Elio zusam-

mengetroffen ist. Die beiden könnten sich vertragen, obwohl Elio früher einmal Finanzbeamter war. Aber Sant'Erasmo ist weit weg von Pellestrina und eine andere Welt. Elio wohnt in einem netten Haus gleich neben der Kirche am Hafen. Viel wichtiger ist ihm aber sein großer Garten mit Bretterhütte im Inselinnern. 50 Hühner und 60 Bienenstöcke gibt es hier, und der Blattsalat ist der schönste weit und breit. Elio verschenkt ihn, den Honig natürlich auch, da ist er nicht so.
Sant'Erasmo ist eine der zwei Gemüseinseln in der Lagune, das benachbarte kleinere Le Vignole ist die andere. Man könnte auch noch Mazzorbetto, Mazzorbos kleine Nachbarinsel, zu Venedigs Vorgärten zählen.
Ein Eiland von unbändiger Friedfertigkeit ist Sant'Erasmo, eines zum Riechen, Kosten und Schmecken. Gewaltige Artischockenpflanzungen gibt es hier, und der Wein schmeckt ganz diskret nach Salz. Es ist nicht weit dort hin, doch das interessiert nur wenige. Unglaublich hässliche und rostige Vaporetti mit der beunruhigenden Ordnungszahl 13 sind unterwegs, das vergammelte Nummernschild ist mit Spagat befestigt, nicht mit Draht, denn offensichtlich geht es naturwärts. Die

*Gottesfürchtiger Gemeinsinn: Familientreffen am Tag der Marienerscheinung auf Pellestrina.*

wenigen Passagiere sitzen müde gekrümmt da, unterwegs zu sich selbst. Auch der Briefträger ist an Bord. Mit wenig erfreulicher Post, aber vielen Einschreibebriefen. Man fühlt mit den Empfängern.

Das Geschäft um jeden Preis ist auf Sant'Erasmo jedenfalls nicht der Brauch. Das gilt auch für eine Bar, die nur sehr hartnäckige Besucher finden werden, die Bar Tedeschi. Ein windschiefer Sonnenschirm am Strand, ein meist leerer Gastgarten. Ab und zu kommen ja doch Ausflügler von Venedig her. Immerhin steht auf Sant'Erasmo der schon erwähnte *Torre Massimiliano*, Mitte des 19. Jahrhunderts von der österreichischen Regierung auf Anordnung Franz I. und nach Plänen Erzherzog Josef Maximilians gebaut. 1945 überstand das trutzige Gemäuer einige rabiate Sprengversuche. Der Turm wurde an einen Gärtner verpachtet. Seit einigen Jahren renoviert das *Consorzio Venezia Nuova* den Rundbau – ein Museum soll entstehen.

Mit oder ohne Museum: Im Winter kann es schon sehr still werden. Ein paar Freizeitfischer kommen vielleicht in die Bar Tedeschi, um einen Grappa zu trinken, und nach der Sonntagsmesse treffen sich hier die Männer. Aber der nächste Sommer kommt bestimmt. In der Küche werden schon einmal hunderte Gnocchi produziert und eingefroren, für bessere Zeiten. Ein paar hundert Meter weiter verstummt auch dieses leise Leben. In Olindo Bursatos Bar *Al Cason Pineto* sitzen nur noch die Inselgespenster. Olindo hat sich nach dem Zusperren nicht einmal die Mühe gemacht, die Einrichtung zu verkaufen. Ein Hahn kräht, Möwen kreischen, in den Geruch von feuchter Erde und faulendem Laub mischt sich Meer und Tang. Gegen Abend wird es am Hafen tatsächlich ein wenig lebendig. Das Gemüse wird auf die Schiffe verladen, und die jungen Männer von Sant'Erasmo nehmen die jungen Frauen in Augenschein. Gut zu wissen: Es wächst auch hier nichts in den Himmel, aber es wächst.

Ein Alltag ganz anderer Art, fruchtbar auf eine ganz andere Weise, prägt das Leben auf den Klosterinseln in der Lagune. Zwei davon haben ihre Identität in die Gegenwart gerettet. San Lazzaro degli Armeni ist eine davon und erweist sich mit seinem Mechitaristenkloster als erstaunlich weltgewandter Ort der Besinnung. Padre Vartanes bemächtigt sich mit sanftem Nachdruck seiner Besucher, hüllt sie leichthin in ein reiches viersprachiges Wortgespinnst, und man ist bereit zu glauben, daß ein paar Sprachen mehr auch kein Problem wären. Es gibt ja auch eine Menge zu erzählen. San Lazzaro degli Armeni ist weltweit eines der drei Zentren armenischer Kultur. Armenische Kinder aus vielen Ländern besuchen hier eine Schule. Die Akademie für armenische Literatur hat ihren Sitz auf San Lazzaro, und dann gibt es noch eine sehr gut beschäftigte Druckerei, die mit allen Sprachen dieser Welt zurechtkommt.

Die Mechitaristen kamen in die Lagune, als sie 1715 aus ihrer armenischen Heimat vertrieben wurden. Venedig nahm sie freundlich auf, und ihre Kultur, dem Osten wie dem Westen zugewandt, fügte sich ideal ins geistige Selbstverständnis der Serenissima. Fromme Gelehrsamkeit und gottesfürchtiger Fleiß ließen das Inselkloster aufblühen. Die Brüder schufen sich Freunde in aller Welt, darunter auch so zwielichtige Genies wie Lord Byron. In Venedig hatte er noch lustvoll gesündigt und sich auf das exzessivste selbst verwirklicht. Doch dann nahm er auf San Lazzaro Quartier, um die armenische Sprache zu lernen, Bäume zu pflanzen und zu meditieren.

Die Mönche bewahren das Andenken an diesen Gast mit der gleichen heiteren Gelassenheit, mit der sie Seltsamkeiten und Kostbarkeiten hüten, die ihnen zum Geschenk gemacht wurden: exotische Pflanzen, Napoleons Sohn als Statue, eine ägyptische Mumie, Holzschnitzereien vom Berg Athos, eine Maschine zur Erzeugung elektrischer Funken, eine Mineraliensammlung und vieles mehr. Nicht zu vergessen die wertvolle Bibliothek. In der versinkenden, verblassenden, zerbröckelnden Welt der Lagune ist San Lazzaro ein zur höheren Ehre üppig gedeihendes Stück Leben.

Auch die zweite der letzten Klosterinseln, San Francesco del Deserto, ist ein blühendes Gemeinwesen, doch die Farben sind anders, verhaltener. Burano ist ganz nahe und doch weit weg. Behaglich zwischen stille Wasserflächen und Sumpfwiesen gebettet, liegt ein stilles Paradies. Die Gebäude sind schlicht, doch der Inselgarten huldigt mit Zypressen und hohen Palmen, mit von Blumen gesprenkelten Wiesen, mit Pfauen, Enten, Hühnern und Schwalben der Schöpfung. Freudiges Vogelgezwitscher soll der Legende nach den heili-

*Sergio Zennaro, Barmann und Lebenskünstler, in seinem Kiosk bei Caroman.*

*Die Familie Zennaro und ein Sommer zwischen Himmel und Wasser.*

*Oben: Sergio Zennaros Sommerhaus und Bar.*
*Unten: Tochter Emma mit Hausmöwe.*

„Oreste" Horst Weitmayr: ein Mann und sein Schiff. Das Gemälde an der Wand der Werfthalle (links im Bild) stammt von einem Maler von Kinoplakaten. Seinen Madonnen sagt man eine gewisse Ähnlichkeit mit Frau Berlusconi nach.

gen Franziskus begrüßt haben, als er, aus dem Orient heimkehrend, hier an Land ging. An die Wüsten des Heiligen Landes erinnert der Name. Zuweilen, im Winter etwa, kann San Francesco del Deserto allerdings auch aufs Gemüt drücken, wie in Davide Ferrarios Kriminalroman „Römisches Maskenspiel" nachzulesen ist, der in der Nachkriegszeit spielt, als San Francesco verlassen war. Ferrario läßt einen der Judenverfolgung entronnenen alten Mann aus Venedigs Ghetto hier leben und die Leichen bestatten, sei doch gerade San Francesco nicht selten Schauplatz von Racheaktionen an ehemaligen faschistischen Funktionären gewesen.

*Die Insel tauchte nach einer Stunde Bootsfahrt in einem grauen Nebelschleier auf, dort, wo das Meer der Lagune in einem Gewirr aus Land, Gewässer und Lehm- oder Sandkuppen sumpfig zu werden beginnt. An einem sonnigen Tag hätte man bis Burano blicken können. An einem Wintertag wie diesem erkannte man rechter Hand lediglich den langgezogenen Umriß der Küste von Sant'Erasmo [...] Sie gingen durch die Kirche und erreichten, nachdem sie auch die Sakristei hinter sich gelassen hatten, einen kleinen Kreuzgang. Nicht ein Hinweis auf menschliche Präsenz, aber sie bemerkten, daß die Wiese gepflegt war und der Kreuzgang in seiner Gesamtheit nicht den Eindruck völligen Niedergangs machte. Auf der gegenüberliegenden Seite befand sich ein Gittertörchen, hinter dem ein kleiner, von niedrigen Steinmauern umwallter Friedhof lag, und dahinter wiederum die Lagune.*

Die Geschichte der Franziskaner auf dieser Insel ist wechselhaft, kennt auch Verwahrlosung, Resignation und Willkür. Vielleicht liegt auch darin eine Quelle jener in sich gerundeten Ruhe, die heute das Klosterleben ausmacht. Stille ...

1839 wurde die Insel San Christoforo della Pace nach Napoleons Wunsch zur Friedhofsinsel von Venedig. Das Camaldulenserkloster auf der Nachbarinsel San Michele ließ er auflösen, später wurde der Kanal zwischen beiden Inseln zugeschüttet. San Michele in Isola, das erste Renaissancebauwerk Venedigs, war nunmehr Friedhofskirche. 1530 wurde die sechseckige Cappella Emiliana angefügt.

Die Totenstadt in der Lagune ist reich an berühmten Namen: Papst Johannes XXIII., Serge Diaghilew, Igor Strawinsky, Ezra Pound und viele andere mehr. Doch es gibt heute kaum noch Erdbegräbnisse hier. Der Boden ist sehr salzig und die Leichen verwesen nicht. So liegen sie in fest verschlossenen, übereinander gestapelten Mauergräbern. Nach fünfzig Jahren werden die Knochen entnommen und heute meist eingeäschert.

Doch es gibt auch Ossarien, Knocheninseln, wie Santa Giustina in der Nähe der Sile-Mündung, wohin früher das Gebein gebracht und in alten Pulvermagazinen aufgetürmt wurde. Ein anderes Ossarium, Sant'Ariano, liegt zwischen Torcello und dem Festland. So viele Sumpfwiesen gibt es hier, daß man auch zu Fuß hingehen könnte, vorausgesetzt, man kennt die sicheren Stellen, doch wer kennt die schon.

So bleibt Sant'Ariano ungestört, kaum jemand auf Torcello weiß etwas von dem Inselchen. Vor zwanzig Jahren noch lagen hier die Knochen offen hinter der weißen Umrandungsmauer, von schütterem Buschwerk überwachsen. Heute sind sie von einer dichten Humusschicht bedeckt. In vergangenen Zeiten stand hier ein Kloster, die Inseln ringsum waren dicht besiedelt, Constanziaca war das kirchengekrönte Zentrum.

Constanziaca ist versunken, das Mauerwerk zerbrochen, weggeschwemmt.

Leben und Tod.

*Artischockenfelder bestimmen in weiten Bereichen das Bild der Gemüseinsel Sant'Erasmo. Für die wenigen Menschen bleibt viel Platz.*

*Elio, Finanzbeamter im bukolischen Ruhestand auf Sant'Erasmo.*

*Rush hour nach Art der Lagune: Fahrräder und Mopeds sind die wichtigsten Verkehrsmittel auf Sant´Erasmo.*

*Ein Bauernhaus, Gemüsefelder, eine Wäscheleine am Kanal ... Viel mehr braucht das Leben auf Sant´Erasmo nicht, um sich zu runden.*

*Oben: Auch auf Le Vignole wächst Gemüse. Und Leute aus Murano haben hier ihre Sommersitze.*

*Rechts: Die Ernte ist für den Transport nach Venedig vorbereitet.*

*Wein aus Sant´Erasmo ist ein schlichtes, urwüchsiges Getränk mit einer unverkennbar salzigen Note.*

*Noch in den 80er Jahren harrte Olindo Bursato (oben) in seiner Bar „Al Cason Pineta" mit ungebrochenem Optimismus seiner Gäste. Heute lebt Olindo im Ruhestand, seine Bar ist – wohl für immer – geschlossen (links).*

*In den Sommermonaten geht es in der „Bar Tedeschi" auf Sant'Erasmo recht lebendig zu. Im Winter bleibt der Garten leer und drinnen wärmen sich Sonntags ein paar Inselbewohner.*

*Pizzakoch Ignazio Cadeddu im Garten der Trattoria „All´Oasi“, einem beliebten Ausflugsziel der Venezianer auf Le Vignole.*

*Die private Welt von Le Vignole. Für das Kind aus Venedig sind die Tiere im Garten seiner Großeltern ein großes Erlebnis.*

*Oben: San Lazzaro degli Armeni vom Lido aus gesehen.*

*Rechts: Padre Vartanes präsentiert stolz einen der kuriosen Schätze des Klosters, die „ägyptische Mumie".*

*Die Führung durch das Kloster beginnt mit tiefschürfenden Erläuterungen in der Kirche.*

*Oben: Klösterliche Tischkultur im Refektorium.*
*Rechts: In der neuen Bibliothek auf San Lazzaro degli Armeni werden papierene Kostbarkeiten optimal bewahrt.*

*Oben: Die Klosterinsel San Francesco del Deserto in der nördlichen Lagune.*

*Links: Nach einem arbeitsreichen Leben im Ausland genießt Padre Antonino die Ruhe und Abgeschiedenheit der Lagune. Von diesem Plätzchen aus sieht man hinüber nach Burano.*

*Einsamkeit und Stille haben auf San Francesco del Deserto nichts, vor dem man sich fürchten müßte – ganz im Gegenteil.*

*Rechts: Es gab allerdings auch recht triste Zeiten auf der Klosterinsel. Das Foto rechts stammt aus dem frühen 20. Jahrhundert.*

*Ein Bestattungsboot verläßt Venedig auf dem Weg zur Friedhofsinsel San Michele.*

*Von den Fondamente Nuove fällt der Blick auf San Michele. Dahinter sieht man das nahe Murano und bei klarem Wetter die schneebedeckten Alpengipfel in der Ferne .*

*Seit 1839 werden die Toten Venedigs nicht mehr in der Stadt beerdigt.*

*Die ewige Ruhe währt in der salzigen Erde von San Michele nur eine begrenzte Zeit. Dann werden die sterblichen Überreste exhumiert.*

*Igor Strawinsky liegt im orthodoxen Teil des Friedhofs begraben.*

*Von San Michele wurden die Knochen der Venezianer früher auf das entlegene Inselchen Sant´Ariano gebracht.*

## Ausklang

Nirgendwo ist die Verletzlichkeit Venedigs so intensiv spürbar wie in der Lagune. Nirgendwo fällt es so leicht, jenen zu glauben, die ans Abschiednehmen denken: Venedig, das Atlantis des 21. Jahrhunderts. Aber diese Welt im labilen Gleichgewicht stirbt schon sehr lange, das läßt immerhin auf eine reiche Erfahrung im Umgang mit dem Untergang schließen. Wer Venedig im Spiegel der Lagune betrachtet, hat nicht die trügerische Sicherheit gepflasterter Plätze und steinerner Mauern. Hier liegt der Boden, auf dem Venedig steht, in den es sinkt, offen da, eine formlose Masse von Sand und Schlamm, die einmal auftaucht, ein andermal verschwindet. Hier ist das Wasser, das

Venedig umgibt,
ungezähmt, eine nasse Wüste dicht über Grund, grau und krank, gleichzeitg verwirrend schön.

Das Leben auf den Inseln in der Lagune ist alles andere als selbstverständlich. Aber war das nicht von Beginn an so? Seit Jahrhunderten schreibt sich die menschliche Geschichte in der Lagune nur von Augenblick zu Augenblick fort. Wer es gelernt hat, mit Ungewissheit und Veränderung zu leben, kann darin vielleicht auch eine unbestimmte, doch schier unverwüst - liche Geborgenheit finden. Das hat mit ödem Fatalismus nichts zu tun.

Die Zukunft Venedigs und seiner Lagune ist tatsächlich zum Fürchten. Doch es paßt auch zum Wesen dieser theatralischen Wirklichkeit, ihren seltsamen Reiz zu empfinden,

Farben im schwindenden Licht zu entdecken, sich heiter und melancholisch treiben zu lassen.
Diego Valeri schrieb in seinen „Fantasie Veneziane":
*Die Schönheit dieser letzten Stunde scheint mir in den nebeneinander fließenden, feinen Streifen ausgedrückt, die hier ganz nahe die Erde vom Wasser, und jenseits, das Meer vom Himmel trennen. So verweilen wir, und sei es auch nur für einen kurzen Augenblick, frei zwischen den beiden Grenzen der Unendlichkeit und leben, als wären wir an ihrem Treffpunkt, der die Ewigkeit ist. Nur dieser Landschaft ist die Seele ergeben.*

## Übrigens ...

Für eine erste Erkundung der nördlichen und der mittleren Lagune bietet sich ein Fahrt mit dem Vaporetto Nr.12 von den Fondamente Nuove aus an.
Vorbei an der Friedhofsinsel San Michele (wo nur der Vaporetto Nr. 41/42 auf dem Weg nach Murano anlegt) geht die Fahrt zunächst nach Murano. Hier sollte sich auch der Indiviualreisende, der keine Glasfabrik besichtigen will, unbedingt etwas länger aufhalten und einen kurzen Inselrundgang machen.
Weiter geht's zwischen den aus dem Wasser ragenden Markierungspfählen im weiten Bogen des Bisatto- und des San-Giacomo-Kanals nach Mazzorbo. Jeweils rechter Hand passiert man die Inselchen San Giacomo in Palude und Madonna del Monte. Am Horizont ist bei schönem Wetter in Fahrtrichtung schon die Insegruppe Torcello, Mazzorbo und Burano (deutlich erkennbar dessen schiefer Campanile) zu sehen.
Steigt man in Mazzorbo aus, kann man zu Fuß zum Friedhof der Insel, in dem auch die Toten von Burano liegen, und zur Kirche Santa Catarina spazieren. Weiter auf einem erst vor einigen Jahren angelegten Promenadeweg mit Blick auf das bunte Burano und über die Brücke nach Burano. Wer nach Mazzorbetto übersetzen will, läutet bei Alberto Rioda an, der sich widerwillig vom Fernseher trennen wird und über den Kanal zum anderen Ufer rudert.

*Mazzorbetto. Boote gegenüber der Mazzorbo-Anlegestelle des Vaporetto*

Mit dem Schiff geht's von der Anlegestelle Mazzorbo zuerst nach Torcello. Ein kurzer Fußweg entlang eines hübschen Kanals führt die Besucher zur Kathedrale. (Die Besichtigung dieses Juwels und die Besteigung des Campanile sollte man nicht versäumen.)
Nach dieser Unterbrechung bringt einen das nächste Schiff der Linie 12 nach Burano. Die selbst beim größten Touristenrummel noch stimmungsvollen Winkel und abgelegeneren Plätze des sehenswerten Ortes locken zum Inselrundgang, einige in diversen Gastronomieführern erwähnte Lokale laden zur Mittagsrast.
Von Burano aus sucht sich das Boot durch eindrucksvolle Sumpflandschaft den Weg nach Treporti und Punta Sabbioni am Festland. Rechter Hand sind zuerst die Zypressen und der Kirchturm von San Francesco del Deserto zu sehen, später fährt man entlang der großen Insel Sant' Erasmo.
In Punta Sabbioni wechselt das Schiff die Nummer (14 statt 12) bzw. müssen die Passagiere zum Lido bzw. zum Markusplatz auf ein Schiff der Linie 14 umsteigen. (Keine Sorge, das Schiffspersonal informiert rechtzeitig, laut und eindeutig.)

*Sehr stimmungsvoll ist der alte jüdische Friedhof am Lido.*

Jetzt geht's ein Stück hinein zwischen die ins offene Meer hinausgebauten Wellenbrecher des Porto di Lido und in weitem Bogen der historischen Eintrittspforte nach Venedig zu. Vor sich hat man das Ende der Insel Sant'Erasmo (wenn man genau schaut, erkennt man den Torre Massimiliano) und den Beginn der Nachbarinsel Le Vignole mit dem vorgelagerten Streifen der Isola Sant'Andrea. Vorbei am Forte Sant'Andrea (rechts) und an der Kirche San Nicolò di Lido inmitten von Resten der ehemaligen Festung (links) erreicht das Schiff die Anlegestelle Lido.

Auf der Weiterfahrt Richtung Markusplatz passiert man linker Hand San Servolo und San Giorgio Maggiore, dahinter sind die Inseln San Lazzaro degli Armeni, San Clemente und La Grazia, deutlich zu erkennen, noch weiter im Hintergrund auch Sacca Sessola.

Wer sich einen Überblick in der südlichen Lagune verschaffen will, fährt mit einer der zahlreichen Linien von San Zaccaria (Markusplatz) zum Lido. Dort könnte man zuerst zur Kirche San Nicolò (schöner Blick auf Forte Sant'Andrea) und zum jüdischen Friedhof spazieren (bzw. den Autobus A dorthin nehmen) oder dem Fin-de-siècle-Charme der alten Villen und Hotels nachspüren. Nahe der Schiffanlegestelle startet die Autobuslinie 11. Mit ihr fährt man auf dem schmalen Inselstreifen nach Süden.

Eine Fahrtunterbrechung lohnt sich in Malamocco. Vor der Küste ist Poveglia zu sehen. In Alberoni sollte man einen kurzen Spaziergang zum Dünenstrand der Adriaküste nicht versäumen.

Von Alberoni aus begeben sich die 11er Autobusse nebst Fahrgästen auf die Fähre nach Pellestrina. Rechts die Oktogone von Alberoni und San Pietro, weiter entfernt der halb demontierte Leuchtturm von Spignon. In San Pietro (oder Piero) in Volta kann man aussteigen, und in Pellestrina ist ohnehin Endstation.

Von hier aus fährt ein dickbäuchiges *Motonave* über

*Mit dem Boot entlang der Gemüseinsel Sant'Erasmo.*

*Bild unten:*
*Poveglia (Blick auf den kleinen Hafen der verlassenen, dem Lido gegenüber gelegenen Insel) ist mit öffentlichen Verkehrsmitteln nicht zu erreichen.*

*Caroman* nach Chioggia. In den Wintermonaten wird in Caroman (Naturschutzgebiet!) nicht angelegt, es sei denn, man ruft 20 Minuten vor der Abfahrt die Nummer 800 845 065 an. Rückweg auf der gleichen Route.

San Lazzarro degli Armeni erreicht man von San Zaccaria aus mit der Linie 20, allerdings nur zu den festgelegten Führungszeiten. Das Boot hält auch bei San Servolo, ein mitleidloser Portier sperrt aber alle universitätsfremden Passagiere von der Insel aus.

Die „grünen Inseln" Le Vignole und Sant' Erasmo sind mit der Linie 13 von den Fondamente Nuove aus erreichbar.
Zuerst legt man in Le Vignole an. Aussteigen lohnt sich hier kaum, es sei denn, man möchte das Restaurant besuchen. Auf das unmittelbar benachbarte, durch eine Brücke mit Le Vignole verbundene Certosa hat ein Normalsterblicher nicht ohne weiteres Zutritt, da hier noch immer die Militärs das Sagen haben.
Sehr empfehlenswert ist dagegen wegen der landschaftlichen Reize der Insel ein Spaziergang auf Sant' Erasmo. Von der ersten Anlegestelle (Capannone) führt der Weg direkt zum Torre Massimiliano und zur Bar Tedeschi. Folgt man im Süden weiter dem Strand, gelangt man zu Olindos verlassener Bar. In der Inselmitte führt ein Weg am schönen Friedhof vorbei zur einzigen Ansiedlung, dort befindet sich die zweite der drei Anlegestellen der Insel (Chiesa).

*Natur und Menschenwerk in innigster Verbindung, alles verpackt in romantische Lichtstimmung: Die Lagune hat viele Erlebnisse zu bieten.*

Wer das nahegelegene Lazzaretto Nuovo besuchen will, tut gut daran, am Samstag (wenn jemand auf der Insel ist) den Vaporetto 13 durch einen Anruf bei der famosen Nummer 800 845 065 zum Halten zu bewegen. Sonst findet der Tourist unschwer ein privates Boot, das ihn von der Erasmo-Anlegestelle Capannone über den Kanal setzt.

San Francesco del Deserto ist mit öffentlichen Verkehrsmitteln nicht zu erreichen. Es gibt touristische Inselrundfahrten, die dort halten. Für private Bootsfahrten ist es ratsam, sich anzumelden (Tel. 52 86 863), denn man ist nie sicher, ob einem unerwarteten Besucher die Pforte auch wirklich geöffnet wird.

Auch Forte Sant'Andrea und andere Festungsinseln stehen im Programm einiger Touristikunternehmen. Einzelbesucher können sich da und dort Führungen anschließen, allerdings zu unsicheren und häufig wechselnden Zeiten. Man erkundige sich in den touristischen Informationsstellen.

Wie gelangt man als Einzelreisender zu Inseln, die nicht ins Vaporetto-Netz eingebunden sind? Wer nicht der plötzlichen Verarmung anheimfallen will, wird Wassertaxis bei der Erkundung der Lagune vermeiden. Von Burano aus kostet z. B. eine Wassertaxi-Überfuhr zum relativ nahen San Francesco etwa 60 Euro. Keineswegs ratsam ist es auch, ein Boot zu mieten und selbst zu navgieren: Das Abenteuer würde sehr bald im Schlick enden. Schon eher kann es gelingen, auf einer günstig gelegenen Laguneninsel (für San Francesco bietet sich Burano an, für Sant´Ariano Torcello, für Poveglia der Lido, am besten Malamocco) einen Bootsführer zu finden und einen erträglichen Preis auszuhandeln. Man frage am besten in einer Bar.

Für Vaporettofahrten sind übrigens die preisgünstigen 24-, 48- oder 72-Stunden-Tickets empfehlenswert. Bezüglich der Routen, Nummern und Anlegestellen sind die häufigen Änderungen zu beachten. Das Einholen genauer und sicherer Informationen an Ort und Stelle lohnt sich.

*Flaches Wasser der Lagune*

*Kanäle in der Lagune und tieferes Wasser*

*Barene = Sumpfwiesen, (meist bewachsene) Sandbänke*

*Festes oder befestigtes Land (Inseln, Festland)*

*Auf den vorhergehenden Seiten vorgeschlagene Vaporetto-Fahrten:*

- - - - - *Rundfahrt mit den Linien 12 und 14*
········ *Route der Linie 13 nach Vignole, Sant'Erasmo und Treporti*
–·–·–·– *Mit Linie 20 nach San Servolo und San Lazzaro degli Armeni*

# Verzeichnis der erwähnten Inseln und Orte

*(Abbildungen kursiv)*

## Bildhinweise

Die Motive der Einleitungs- und Schlußbilder sind im Text nicht angegeben, um dessen Allgemeingültigkeit nicht zu beeinträchtigen. Hier folgende Ergänzung für den besonders Interessierten:

Seite 6/7: Blick von Burano in Richtung Venedig
8/9: versunkene Gondel im Canale di Malamocco
10/11: Burano
12/13: Madonna del Monte, im Hintergrund die Kirche Santa Catarina auf Mazzorbo
14/15: Canale San Pietro bei Torcello
16/17: Kapelle im Ossario auf Sant'Ariano
18/19: Lagunenmotiv bei Sant'Erasmo

146/147: Sonnenuntergang hinter der Kirche Santa Catarina auf Mazzorbo
148/149: Pellestrina
150/152: Blick vom Lido auf Venedig

*

Folgende Bilder stammen nicht von János Kalmár, sondern von Michael Forcher:
21 (oben), 50 (oben), 69 (beide oben), 83 (unten), 115 (unten), 143 (oben), 152, 153, alle Reproduktionen

## Dank

Autoren und Verlag bedanken sich ganz herzlich bei

Cesare Battisti - Azienda di Promozione Turistica, Venezia, für tatkräftige Unterstützung und wertvolle Hinweise

sowie bei

Univ.-Prof. Dr. Ulrike Kindl, Venezia,
für eine profunde Privatvorlesung zum Thema Lagune und überaus hilfreiche Mitarbeit in vielen Belangen.

Bei Signore Francesco Palmisano, Bar-Totoricevitoria, Via Galuppi, 351, in Burano für die Erlaubnis, aus seiner Sammlung alter Stiche, Fotos und Ansichtskarten einige Ansichten für dieses Buch zu reproduzieren. Mille Grazie!

# Was gefiel Nietzsche an Venedig?

Die gute Pflasterung der Gassen!
Von der Lagune schreibt er nichts. Dabei hätte er dort „seinen Süden" entdecken können!

„Jeder hat seinen Süden", schreibt Iso Camertin im Vorwort des Bandes „Nietzsche. Süden" und verweist damit auf die Relativität des Begriffs. Nietzsches Begeisterung für den Süden, seiner Vorstellung von Süden schlechthin, gehen in diesem Band ein Photograph und eine Reihe von Wissenschaftlern nach. A.T. Schaefer fängt mit seiner Kamera Orte, Farben, Stimmungen, Natur- und Architekturdetails ein, die an die Italienreisen des Philosophen erinnern, aber ganz allgemein sein Empfinden vom Süden wiedergeben. „Schaefer gelingt es in seinen Photographien, neben den bekannten Eigenschaften des Südens auch die Kühle, Luftigkeit, Kargheit und Wäßrigkeit desselben einzufangen", schreibt Tobias Robens in seiner amazon-Rezension.

Die im Buch gesammelten Essays bekannter Nietzsche-Experten ermöglichen es, mit Nietzsche in den Süden zu fahren, Briefe zu lesen, in seinem Tagebuch zu blättern und berühmte Orte des Südens zu bestaunen. Dem ergiebigen Thema Nietzsche und Venedig ist übrigens ein eigenes Kapitel gewidmet.

NIETZSCHE. SÜDEN

Fotografien: A. T. Schaefer, Texte: Stiftung Nietzsche-Haus in Sils-Maria.
24 x 30 cm, Hardcover mit Schutzumschlag, 112 Seiten mit 40 Farbfotos

HAYMON-VERLAG